FÉLIX PAGAND

DEUX FORCES

Drame en 5 actes

PRÉFACE

DE

CAMILLE DE SAINTE-CROIX

PARIS

LIBRAIRIE G. JACQUES

36, boulevard Saint-Michel, au 1er

1903

DEUX FORCES

FÉLIX PAGAND

DEUX FORCES

Drame en 5 actes

PRÉFACE

DE

CAMILLE DE SAINTE-CROIX

PARIS

LIBRAIRIE G. JACQUES

38, boulevard Saint-Michel, au 1er

1903

PRÉFACE

~~~~~~

Un socialiste militant, dévoué de toutes les facultés
et de toutes les forces de son être à la cause dont il
a fait son rêve et sa vie, lorsqu'il compose une œuvre
littéraire et surtout une œuvre de théâtre, liée étroite-
ment à sa conception humanitaire, ne saurait être
jugé comme un écrivain de simple littérature.

Il est essentiellement le « vates » qui prophétise et
qui stigmatise selon un criterium de sagesse, au
nom d'une morale qui n'est pas celle de l'ambiance
quotidienne. Ses traits de comédie, ses frissons de
drame, ses tableaux et ses épisodes scéniques, placés
entre l'observation stricte de la société contemporaine qu'il condamne et le panégyrique de la société
idéale qu'il conçoit, se rapprochent forcément davan-
tage de celle-ci que de celle-là ; et quand il satyrise
légèrement ou quand il invective brutalement, ce
n'est pas aux flétris qu'il s'adresse, pour leur refléter
leur image, — mais c'est aux partisans, aux amis de
sa pensée qu'il parle pour leur enseigner ce qu'il faut
haïr, ce qu'il faut mépriser et, surtout, ce qu'il faut ne
pas devenir soi-même.

Dans ces conditions, il doit faire œuvre de poète
plus que d'analyste. Placé dans une atmosphère
~~~~~~

exceptionnelle, hors du monde actuel, il ne saurait être un observateur minutieux des réalités contingentes dont sa pensée s'abstrait et s'éloigne, par instinct, en s'élevant.

Ainsi, quand vous lirez le vigoureux drame de Félix Pagand, n'espérez pas y trouver une étude documentaire et physiologique de personnages peints d'après modèle. Cela ne veut pas dire, d'ailleurs, qu'un type comme celui de Verga soit hors de l'humanité actuelle. Nombreux ont été les personnages politiques qui, depuis trente ans, dans l'histoire de notre République Française, se sont faits plus ou moins des Vergas. Chaque avènement au pouvoir d'un parti, modéré, opportuniste, rallié, radical, a été marqué par la trahison de quelque chef de secte plus avancée entrant dans le cercle gouvernemental après avoir, pour payer son droit d'entrée, vendu le prestige de son renom civique.

C'est l'éternelle comédie politicienne à laquelle nous assistons depuis que s'est ouverte l'ère des civilisations parlementaires.

Et, c'est leur histoire à toutes.

Un gouvernement règne par la force. Mais cette force vieillit et se débilite. Autour, jaillis du peuple même, des hommes nouveaux poussent, hostiles et menaçants. Les avoir contre soi, c'est la perte assurée et prochaine. Les supprimer?... il n'est plus temps. Alors les agents du pouvoir se glissent parmi ces hommes nouveaux, espoir du peuple. Ils les éprouvent, les tâtent, les évaluent. La corruption s'essaye, s'exerce et s'ingénie. Les bonnes sèves et les bonnes consciences résistent. Mais toutes ne sont pas bonnes également; et l'on finit par trouver, dans cette jeune élite, quelque tempérament moins dur, moins pur, plus accessible, bref, corruptible. Promesses à l'ambition naissante, flatteries à l'orgueil encore vierge, trésors montrés à la rapacité qui s'éveille, tout est mis en œuvre, secrètement.

Le peuple, toujours dévot aux héros de son élite révolutionnaire, ne distingue pas l'un des autres et sa confiance reste ferme en eux tous. Ceux-ci ne soupçonnent pas qu'il y ait dans leurs rangs un frère suspect. Et cependant, dans l'ombre, la corruption achève son œuvre...

Et soudain, au moment où le Pouvoir tout-à-fait caduc fléchit et cède, au moment où le peuple est prêt à pousser sa grande clameur de conquête sociale, au moment où ses chefs révolutionnaires, prêts à la victoire, tirent le glaive et vont à l'assaut, — soudain, c'est une stupeur et un émerveillement.

La Bastille, la forteresse gouvernementale s'entr'ouvre d'elle-même. Il n'y aura même pas de lutte, pas de sang à verser, pas de blessés, pas de morts. C'est la capitulation la plus douce et la plus souriante ; — le Pouvoir cède, s'incline et s'offre.

Et des agents crient à la foule :

— Tout par la douceur ! — Voyez ! Le gouvernement aime le peuple. Il comprend, il accepte la décision populaire. Voulez-vous des assurances ? Voulez-vous des juges ? Tenez ! Il n'y en a pas de meilleur que celui-ci : le gouvernement va mettre de lui-même tous ses atouts aux mains du plus ardent, du plus sévère et du plus estimé des jeunes hommes de votre élite... Que le peuple donne ses ordres, qu'il distingue lui-même un citoyen, — et, tout de suite, ce citoyen sera, au nom du peuple, le chef de notre gouvernement.

Le peuple se recueille, se consulte... Alors quel-

qu'un, perdu dans la foule, dit un nom... Deux ou
trois voix répètent ce nom, — puis dix, puis cent, et
des millions, et des centaines de millions de voix, —
et des millions le proclament, le redisent, le chantent,
le hurlent, dans une ivresse croissante, dans une fré-
nésie de hurrahs et de vivats.

L'homme nouveau est consacré. Solennel et ra-
dieux, il entre dans la forteresse gouvernementale ; et
les portes augustes se referment sur lui, — et aussi
sur l'espoir populaire.

Car le sauveur dont quelques clameurs complices
ont suggéré le nom à l'unanime incertitude, — ce
héros, élu entre les élus, n'est autre que celui que le
vieux Pouvoir a dès longtemps circonvenu, sollicité,
tenté, subjugué, acheté. Et les applaudissements populaires n'auront pas encore cessé leur fracas joyeux,
que déjà l'homme nouveau sera devenu le plus implacable, le plus cynique et le plus féroce instrument
des vieux Pouvoirs maintenus.

Et la farce de réaction aura réussi, une fois de plus.

*
* *

Ainsi, en 1869, le Second Empire était à bout de
poigne et de ruse. La République naissait à l'horizon.
Quelques jeunes députés l'annonçaient déjà en pleine
milice législative. Après dix-huit ans d'abus, le Régime allait s'effondrer, lorsque les conseillers des
Tuileries se souvinrent du vieux jeu des simulations
démocratiques.

Le gouvernement impérial appela publiquement
un député de l'opposition, Emile Ollivier, pour lui re-
mettre le pouvoir. Les promesses de l'Empire libéral

conjuraient le péril républicain ; — et le peuple berné s'apaisait.

Il est vrai que le triste Emile Ollivier n'eut guère le temps de donner toute la mesure de ses aptitudes autocratiques ; bientôt c'était la guerre, le désastre ; c'était Sedan et l'écroulement de la dynastie.

... Mais la tradition de réaction survécut. La République à peine née devint, grâce à des intrigues semblables, la République Bourgeoise, forme nouvelle de l'impérialisme libéral. Tour à tour, les modérés, les opportunistes et les radicaux virent quelqu'un des leurs renouveler l'aventure d'Emile Ollivier, — avec les intermèdes césariens du macmahonnat, du boulangisme et du déroulédisme.

Aujourd'hui encore, à l'heure où la Révolution Sociale s'accomplit, nous en sommes à trembler que la République Bourgeoise n'en retarde le triomphe par une série de parodies libertaires.

Et ce sont de telles appréhensions civiques qui ont dicté à Félix Pagand toute l'éloquence de son drame. Un vaudevilliste adroit, Victorien Sardou, avait déjà trouvé là les éléments de son *Rabagas*. Mais, œuvre de Tiers-Etat, sans cœur et sans pensée, *Rabagas* plaidait la cause de la réaction ; et sa maigre satire ne s'appliquait qu'à insulter l'esprit républicain. Les applaudissements des abonnés du *Gaulois* et du *Figaro* d'alors firent tout le succès mondain de ces représentations sur la scène élégante et futile de la Chaussée-d'Antin.

Ce qui fera, au contraire, le succès plus large et plus franc de l'œuvre de Félix Pagand, c'est que, écrite pour le peuple, elle ne peut être bien sentie, comprise et applaudie que par lui et chez lui.

Il n'y a point place ici pour une analyse de ce drame, ni même pour un résumé des situations qu'il déroule. Le sujet tient tout dans l'idée-mère; et les trois personnages principaux, Stradon, Verga et Caroline, demeurent les trois faces symboliques de cette idée.

Stradon, la fidélité au principe, — Verga, l'indécision vulgaire dans le conflit entre le devoir et l'ambition, — Caroline, la force perverse qui fait pencher la balance du mauvais côté.

Je puis dire pourtant avec quel plaisir j'ai suivi le développement de ces trois caractères. Ils sont tracés avec fermeté, logique et clarté, — qualités rares dans les œuvres de poésie dramatique, où le plus souvent des préoccupations scéniques, des besoins d'effets romanesques, des effervescences lyriques poussent l'auteur hors de ses conceptions et font dévier sa plume dans le dessin des types dominants.

Le théâtre antique d'Eschyle et de Sophocle, avec ses règles serrées et toutes droites, — le théâtre luxuriant de Shakespeare avec ses violences, ses caprices et ses licences, nous ont laissé les plus beaux modèles de psychologie héroïque. Nulle part mieux que chez ces maîtres incomparables les subtils mobiles des actes ne nous ont été exposés en toute aisance, en toute sûreté d'expression dramatique.

Quelques autres œuvres, l'*Horace* et le *Cid* de Corneille, les *Cenci* de Shelley, le *Lorenzaccio* de Musset, le *Chatterton* de Vigny, dominent la production commune d'un siècle à l'autre et viennent s'ajouter à ce répertoire sublime, où n'atteignent, malgré leurs envergures géniales, ni l'ingéniosité grandiloquente de Hugo, ni l'humanitarisme militant d'Ibsen.

C'est assez dire que, malgré de magnifiques tentatives, aucune grande formule d'art dramatique n'a été trouvée depuis la tragédie grecque d'une part, et le drame shakespearien de l'autre.

Et c'est dire aussi que la meilleure chance d'apporter sur les planches un aspect nouveau, en conformité avec les mœurs, les aspirations et les conditions de la vie contemporaine, après les essais modernes du réaliste Zola, du féerique Villiers de l'Isle-Adam, du mordant Henry Becque, — cette chance, selon moi, c'est de se retremper aux grandes sources du fatalisme antique, de la psychologie shakespearienne et de l'héroïsme cornélien en assimilant cette triple essence de l'art dramatique aux préoccupations de l'heure où l'on vit.

Sciemment ou instinctivement, Félix Pagand s'y est essayé avec son drame des « Deux Forces ». Je retrouve le sentiment de la fatalité eschylienne dans la conception de la démoralisatrice Caroline, — le culte de la bravoure et de l'honnêteté cornéliennes dans le personnage de Stradon, et aussi la subtilité des états d'âme shakespeariens dans les errements, les infatuations et les doutes de Verga.

Peut-être trouvera-t-on à reprendre la facture un peu lourde de certains vers, l'inutile fatigue de quelques tirades et de quelques dialogues superflus, et, de ci de là, des arguments scéniques défectueux. Mais ce sont fautes vénielles, aisément corrigibles et qui ne diminuent point la valeur fondamentale de l'œuvre.

En revanche, on n'y trouvera aucune faute de syntaxe civique, aucune défaillance dans l'âpre représentation de caractères, aucune rupture ni lacune dans la chaîne des situations simples, naturelles et poignantes.

Aussi, très sincèrement, je conseille à nos jeunes cercles populaires d'études théâtrales d'ajouter les « Deux Forces » à leur répertoire d'art social. Je ne crois pas qu'ils aient encore rencontré une œuvre mieux faite pour eux, au quadruple point de vue de l'intérêt passionnel, de l'émotion dramatique, de la morale révolutionnaire et de la tenue littéraire. Elle est pleine de l'enseignement égalitaire dont nous sommes tous profondément pénétrés dans nos sphères de croyance vibrante et d'attachement constant à la réalisation suprême du meilleur idéal humain.

Et l'effet tragique en sera d'autant plus fort que les scènes capitales auront eu pour but supérieur de ramener les convictions hésitantes à l'immortel esprit des purs principes, — seuls inspirateurs légitimes de nos révolutions et de nos conquêtes.

Félix Pagand, poète et citoyen, en écrivant les « Deux Forces », a bien servi notre cause, et nous lui devons le concours fraternel de nos sincères applaudissements.

Camille de SAINTE-CROIX.

Octobre 1900.

DÉDICACE.

Ce drame,
espèce de duel d'âmes,
humble effort
où je crois avoir, par place, mis un peu
de la passion qui m'anime,
Je le dédie,
mince hommage,
A CEUX,
incompris que lapident
les ignorances aveugles et les haines débridées,
qui sentent bouillonner dans leur être
la sainte révolte,
A VOUS,
pâles héros,
qui faites le sacrifice de votre vie
pour votre rêve humanitaire,
A VOUS,
hautains martyrs
qui mourez d'avoir esquissé
un geste de délivrance,
A VOUS,
que fauchent les Vergas triomphants,
et sur qui tombe,
dans un bruit sourd n'émouvant pas toujours
les foules stupéfiées,
l'homicide triangle des guillotines.

F. P.

DEUX FORCES

DRAME EN 5 ACTES, EN VERS

PERSONNAGES :

ALEXIS VERGA, Tribun, puis Dictateur.
MICHEL STRADON, Libertaire.
MARCELLE STRADON, fille du précédent.
CAROLINE VERGA, femme de Verga.
L'AÏEULE, mère de Stradon.
MIÉVILLE,
TRÉBILLON,
MAGAUD,　} Députés.
BATICLE,
MARKANT, Proscrit.
LACAN,
LAPALUE,　} ministres de Verga.
MACARIO,
JOSEPH,
BAPTISTE,　} domestiques de Verga.
SUZANNE,
UN OFFICIER (colonel).
UN HUISSIER du palais dictatorial.
BOURREAU,
VALETS de BOURREAU,　} personnages muets.
GEOLIER,
UN VALET de BOURREAU,　} dans la coulisse.
LA FOULE,

L'Action se passe de nos jours.

ACTE Ier

LA MENACE

Au domicile d'Alexis Verga. — Salon. Large fenêtre au fond. Cheminée à gauche avec, sur le marbre, un buste de la Liberté. Riche mobilier. Au premier plan, à droite, une table avec quelques livres, une écritoire. Fauteuils, canapés. Rideaux de velours grenat frappé ; sièges de velours même.

SCÈNE Ire.

JOSEPH, TRÉBILLON, MIÉVILLE.

Le domestique Joseph introduit Trébillon et Miéville, à gauche.

JOSEPH.

Quel tumulte, messieurs les députés !

TRÉBILLON.

      Oui, oui,
C'est un beau jour.

JOSEPH.

  Mon maître en est pâle.

MIÉVILLE.

       D'ennui
Ou de joie ?

JOSEPH.

Eh ! qui sait ?

(Au dehors clameurs bruyantes).

TRÉBILLON.

Oh ! la belle colère.

MIÉVILLE.

Nous avons déchaîné le lion populaire ;
Il est hors de son antre.

TRÉBILLON.

Et pour ce grand lion,
Qu'a jeté dans la rue une rébellion,
Il n'est pas de dompteur possible.

MIÉVILLE.

Non.
(Il va à la fenêtre et lève un coin du rideau).
Des piques,
Des sabres, des flingots, et des hommes épiques,
Un archipel de fronts et de bras menaçants
Dans une mer humaine.

TRÉBILLON.

Et quels cris, quels accents,
— La maison en frémit — qui font trembler la vitre.

JOSEPH.

Quelle journée atroce... et quelle peur...

TRÉBILLON.

Bélître !
Ton maître est satisfait, sois heureux.

JOSEPH.

Qui sait
Par tous ces temps d'émeute où l'on finira !

MIÉVILLE.

                                        C'est
Un spectacle plaisant que celui de ces drôles
Qui craignent pour leur chef tremblant sur leurs épaules.

TRÉBILLON.

Que veux-tu qu'un bourreau poli fasse, ô Joseph !
De cet objet branlant qui te tient lieu de chef ?
Sois tranquille, il a mieux à cueillir, cœur de femme.

MIÉVILLE.

C'est pour d'autres, mon cher, qu'il apprête sa lame.

TRÉBILLON.

Mais nous causons, le temps s'écoule ! Annonce-nous.
            (Joseph s'incline et sort à droite).
On les ferait tomber de frayeur à genoux,
Tant l'amour de leur peau les empoigne aux entrailles.

MIÉVILLE, *à la fenêtre.*

Que c'est beau, cette mer bavant sur les murailles
Du Parlement. Regarde : elle passe le pont ;
On dirait que l'eau noire au-dessous lui répond.

TRÉBILLON.

Deux infinis. Le peuple et l'onde sont perfides.

MIÉVILLE.

Ils ont la même horreur aveugle dans leurs rides ;
On ne remonte pas ces éléments.

TRÉBILLON.

                        Non.

MIÉVILLE.

                                        Mais
Si, docile à leurs flots, homme, tu te soumets,

Acceptant leurs clameurs et leurs désirs sauvages,
Ils te portent à tous les monts, tous les rivages
Où peut fleurir la gloire austère aux pampres d'ors,
Serviles.

TRÉBILLON (*souriant*).

Les Verga sont des conquistadors.
Mais nous ne sommes pas tant nets et tant augustes.
Triomphons. Les vainqueurs n'ont pas lieu d'être justes.

(*Verga, pâle, grave et un peu triste, entre à droite*).

SCÈNE II.

LES MÊMES, VERGA, — puis MAGAUD et BATICLE.

ALEXIS VERGA.

Bonjour, messieurs.

MIÉVILLE.

Bonjour, maître.

TRÉBILLON.

Bonjour, César.
(*Verga esquisse un geste et hoche la tête*).

VERGA.

Triomphateur d'un jour et tribun de hasard.

MIÉVILLE.

Quoi? le bruit de ton nom sonore t'importune ?
Il faut agir, Verga, de suite. La fortune
Est à ta porte. Eh ! bien, prends-la donc aux cheveux.
Ouvre cette fenêtre et rugis-leur : Je veux !
Et tu verras la foule à tes genoux. L'armée,
Qu'implore vainement la tribune alarmée,

Pour mettre dans tes mains les opimes pouvoirs,
Au nom de ce mensonge auguste : les devoirs,
N'attend qu'un mot de toi, l'arme au pied, et soumise.
Dis-le, Verga, ce mot... et la chose est commise.

VERGA, *secouant la tête.*

Non... j'ai l'âme hésitante.

(Magaud et Baticle entrent brusquement).

MAGAUD, *à Verga.*

      Eh ! bien, mais qu'attends-tu ?
Le peuple est dans la rue.

TRÉBILLON.

     Il fait de la vertu.

VERGA.

Je ne sais...

BATICLE.

     Tu ne sais. Lorsque tous les ministres
Tremblent confusément à ces clameurs sinistres
Comme des condamnés auprès d'un échafaud,
Tu ne sais ! Mais alors, qu'est-ce donc qu'il te faut ?

MIÉVILLE.

Et comment se fait-il que nos dirigeants hâves
Ne soient pas dans ces flots, lamentables épaves ?
Quand le peuple les veut, tu sembles t'étonner,
Et tu refuses, tout-puissant, de les donner !

MAGAUD.

Fais un signe, un seul signe. Ouvre cette fenêtre,
Montre-toi ; c'en est fait.

VERGA, *toujours indécis.*

Non,

TRÉBILLON.

                 Comment reconnaître
Le farouche tribun dans toi, qui crains d'agir,
Et dans toi qui te tais quand tu devrais rugir.

(Verga s'assoit, accablé).

VERGA.

Attendez. Laissez-moi méditer.

BATICLE.

                 Mais la foule
S'impatiente. Il faut un objet à sa houle
Tumultueuse, errante. Il faut un dénouement,
Il faut un épilogue à ce commencement
De révolution. Clos cette tragédie.

MIÉVILLE.

Montre-toi, fier tribun ; allons, âme hardie,
Agis.

MAGAUD.

     Quoi? Tu semas durant tant de longs jours,
Opiniâtrement, dans tes brûlants discours,
Cette semence obscure et forte de révolte
Pour déplorer le fruit au jour de la récolte ?
Mais le grain a germé, maître. Il faut le couper.

VERGA.

Je ne sais.

TRÉBILLON.

Allons donc !

VERGA.

J'ai peur de me tromper.

*(Caroline entre à gauche, passe devant les députés qui
saluent et vient poser sa main sur l'épaule de Verga).*

SCÈNE III.

LES MÊMES, CAROLINE.

TRÉBILLON.

Madame...

MIÉVILLE.

Mes respects.

MAGAUD.

Très humblement, madame.
(*Baticle s'incline*).

CAROLINE, *saluant*.

Messieurs...

(*à Verga*).

Eh ! bien, Verga, le peuple te réclame
Et t'attend.

MIÉVILLE.

Il hésite ; il n'aurait cependant
Qu'un mot à prononcer.

TRÉBILLON.

Il est par trop prudent ;
Que peut-il craindre ?

CAROLINE.

Allons, faut-il que l'on te serve,
Et qu'on parle pour toi quand la foule s'énerve ?

VERGA.

Ah ! vous ne pouvez pas comprendre. Vous pensez
Qu'on franchit sans frémir les rubicons...

CAROLINE

Tu sais
Que le peuple t'attend, qu'il faut que tu te montres.

MIÉVILLE.

Tous les conquérants ont de semblables rencontres,
Et tu l'as dû prévoir, ô Verga, celle-ci.
Mais te voilà tout pâle, hésitant et transi.

VERGA.

Or çà, me croyez-vous un enfant ? J'imagine
Que je puis décider moi-même, et qu'on s'obstine
Bien maladroitement à faire des sermons.
Vous fatiguez à tort, mes amis, vos poumons :
Verga n'a pas besoin de conseils. Il vous prie
De le laisser un peu suivre sa rêverie
Et méditer à l'aise. Il vous fera savoir
Dans un instant, messieurs, ce qu'il croit son devoir.

MIÉVILLE.

Soit.

TRÉBILLON.

Soit.

MAGAUD.

L'humeur triste est mauvaise conseillère.
Prends-y garde.

VERGA.

Soyez sans crainte.

BATICLE, *à part*.

Laissons faire
La femme.

(*Ils sortent à droite*).

SCÈNE IV.

VERGA, CAROLINE.

CAROLINE.

Enfin, Verga, me diras-tu pourquoi
L'évènement te trouve inquiet, pensif, coi,
Quand tu devrais agir et parler ?

VERGA.

C'est très grave.
Je ne suis pas un lâche, et je suis même un brave.
Je l'ai prouvé vingt fois. Et le sort souverain
M'a vu d'un froid de marbre et d'un calme d'airain.
Je paraîssais si grand dans ce monde où l'on grimpe
En rampant, qu'on m'eut pris pour un dieu d'un olympe.
Les hommes m'admiraient, parfois avec stupeur,
S'écartant. Aujourd'hui, c'est moi que tient la peur.
Pourquoi ? que sais-je ! Hélas ! Dans mon inquiétude,
Je cherche en vain au ciel muet la certitude,
Et deux hommes en moi se livrent un duel.
Resterai-je témoin, ou serai-je Cromwel ?

CAROLINE.

Le peuple te réclame, espère en ta parole.
Il te veut, il t'attend, Alexis, et ton rôle
Est prévu. Dans l'histoire où l'on en parlera,
Il manque le feuillet que ta main signera.
On ne fuit pas l'Histoire. Honte à qui se dérobe
A cette reine auguste ! Honte à toi, si ta robe
Porte la déchirure abjecte au bas du dos !

VERGA.

Que certains noms souvent sont de pesants fardeaux.

CAROLINE.

N'as-tu pas fait le tien à force de génie,
A force de labeur ? Malheureux, qui te nie !
Es-tu donc si surpris et te vois-tu si grand,
Alexis, que la peur de toi-même te prend ?
Que le vertige monte à ton âme étonnée?

VERGA.

Je ne crains rien ; pourtant...

CAROLINE.

Va, suis ta destinée.

VERGA.

Mais qui te dit, ô femme amère, qui te dit
Que l'usurpation des durs pouvoirs grandit ;
Qui t'a dit que mon rôle, à moi, passant vulgaire,
Etait d'être César ?

CAROLINE, *méprisante.*

Tu ne l'espérais guère,
J'en conviens, ô Verga, quand mon fervent amour
T'alla chercher jadis, pauvre et seul. En ce jour
Très lointain, tu n'avais, ô sauveur de patrie,
Que ta voix d'orateur criard de brasserie.
On t'ignorait. Ton nom sonore, je l'ai fait.
J'y perdis ma fortune. Et ceci pour effet
D'avoir un faux tribun, tremblant, dont la harangue,
Au jour venu, d'horreur se fige sur la langue.

VERGA, *amer.*

Tu m'as créé. Je sais que tu les as vaincus,
Mes fielleux détracteurs, femme, à force d'écus.
Oui, je le reconnais. Mais, ce peuple en émeute,
Qui donc l'a pris ? Dis-moi ce que monte la meute
Des politiciens bâillonnés par ton or
Auprès de cette foule ? Ah ! qu'il faudrait encor,
Encor de l'or jeté par tes mains caressantes
Pour combler jusqu'aux dents ces gueules rugissantes,

Pour arrêter leurs cris, étouffer leur clameur.
Qui donc peut dominer ces hommes en rumeur?
Qui peut faire changer en salut leur insulte?
Qui donc les a conquis, ces hommes en tumulte,
Jusqu'à leur faire rugir en un bruit de canon
Aux quatre vents du ciel les lettres de son nom,
Au point que s'il faisait un signe des mains blêmes,
Les pavés révoltés s'arracheraient d'eux-mêmes.
Ah! je l'aime, ce peuple. Il m'appartient, sais-tu?
Et j'aime sa folie et sa rude vertu,
Et c'est pourquoi j'hésite, un pied sur le pinacle,
A ramasser peut-être un sceptre en sa débâcle.
Ce serait d'une étrange et sublime grandeur,
Ce serait beau, calmant d'un geste son ardeur,
Que de surgir ainsi, devant lui, tête haute,
Lui dire : Je ne veux pas être ton despote,
Régner par la terreur, régner par l'échafaud.
Va-t'en chercher ailleurs le tyran qu'il te faut !

CAROLINE.

Non, tu ne feras pas cela ! Quand un peuple ivre
Vient à toi, t'implorant, Alexis, et se livre,
Il ne t'est pas permis de fuir, et ton devoir
Est de poser sur lui le joug de ton pouvoir.

VERGA.

Non, je n'en ferai rien.

CAROLINE.

                Ah ! Alexis, prends garde.
Je t'ai fait demi-dieu, la chose me regarde,
Et ce que je défends, c'est ta divinité.
Tu m'appartiens, tribun orgueilleux, car je t'ai
Tiré de ton néant. Que la foule te prenne,
Après moi... Alexis, si je veux être reine ?

VERGA.

Ah! ah! ah!

CAROLINE.

Ne ris pas.

VERGA.

Non, tu ne seras rien.

CAROLINE.

Tu refuses, Verga ?

VERGA.

Je refuse.

CAROLINE.

C'est bien.
Si tu n'as pas le cœur d'accomplir cette tâche,
Si le tribun Verga que j'aimais est un lâche,
Si ce faux lion est sans griffes et bénin,
Si j'ai tiré de l'ombre où tu crevais un nain,
Cœur vil, et faible front qu'écraserait le casque,
Je vais te dévoiler et t'arracher ton masque.

VERGA.

Assez, ô Caroline !

CAROLINE.

Approche donc, qu'à tous,
Qu'à tous les hommes forts de ce peuple en courroux,
Qu'à cette multitude en rumeur qui t'acclame,
Je dise quelle peur tu peux avoir dans l'âme.
Viens, et je lui dirai que tu n'es pas César,
Et pas même son ombre, ô héros de hasard,
Qui te vois tant surpris de ta vaste fortune
Que le bruit de ton nom lui-même t'importune,
Que dans la frayeur d'être ou dictateur ou roi,
Tu fuis épouvanté, les dents claquant d'effroi !

VERGA.

Mais c'est de la folie !

CAROLINE.

Après ?

VERGA.

                    Je te dispense
De haranguer les gens en mon nom.

CAROLINE.

                    Oui ? j'y pense.
Alors, fais-le toi-même et mets ton âme à nu.
Ils seront effrayés d'avoir si mal connu
L'homme de qui leur foule éprise d'esclavage
Attendait le collier fatal et le servage.

VERGA.

Assez, ô femme, assez !...

CAROLINE.

                    S'il veut être battu,
Ce peuple à qui tu vas servir de la vertu ?
Allons donc, grand niais, ramasse la couronne,
Si ce peuple dément, dont le bruit t'environne,
S'en vient dans son délire épileptique et fou,
La jeter à tes pieds en te tendant le cou.

VERGA.

La constitution violée ?

CAROLINE.

                    Ah ! ramasse
Le sceptre et ne fais pas cette absurde grimace.
La constitution est un dur monument,
Grand nigaud, qu'on vénère inéluctablement,
Et qui vit à l'abri de la fortune adverse
Jusqu'au néfaste jour où quelqu'un la renverse.
Si ce quelqu'un n'est pas le peuple qui la fit,
C'est un homme, qui la confisque à son profit.

VERGA.

Un crime alors ?

CAROLINE.

La peur t'obsède sans relâche.
Allons, prends-là.

VERGA.

Jamais.

CAROLINE.

Idiot, ou bien lâche !

VERGA.

Tais-toi !...

CAROLINE, *câline*.

Je t'en supplie, Alexis. Dis, fais-moi
Reine, veux-tu ? Tu sais comme je t'aime, toi.
Laisse accomplir ce rêve enfin, l'unique rêve
De ma vie. Ah ! tu sais, Verga, si j'ai sans trêve
Remué terre et cieux et voulu ta grandeur,
Et si j'ai préparé ta gloire avec ardeur.
Ne te dérobe pas à ton destin auguste.
Sois triomphant d'abord. Demain tu seras juste.
Et tu donneras tant d'éclat à ton état
Qu'on te pardonnera d'être le potentat,
Et qu'on reconnaîtra dans tes œuvres admises
L'homme né pour courber les nations soumises :
Et les siècles futurs t'appelleront « le Grand ».

VERGA.

Eh ! non, je ne puis pas, madame, être tyran
Pour le simple plaisir et la grâce sereine
De doter l'univers d'une nouvelle reine.
Faites-en votre deuil.

(*Caroline se précipite vers la table et fait sonner le
timbre, Joseph paraît*).

CAROLINE, *à Joseph.*

Appelez ces messieurs.

(*Les quatre députés entrent*).

SCÈNE V.

LES MÊMES, plus TRÉBILLON, MIÉVILLE, MAGAUD
et BATICLE, — JOSEPH.

CAROLINE.

Alexis a perdu des moments précieux
Dans cette anxiété dont faiblissait son être.
Il va parler. Joseph, ouvrez cette fenêtre.

VERGA.

Comment, madame?...

CAROLINE.

Eh ! bien ?· ouvrez, Joseph, ouvrez.

(*Joseph ouvre la fenêtre, puis se retire ; au dehors, une
immense clameur monte*).

LES DÉPUTÉS.

Enfin !

CAROLINE, *poussant Verga.*

Mais parle donc. Ces hommes enivrés
Attendent, et tu sais ce que tu dois leur dire.

· VOIX *au dehors.*

·Verga ! Vive Verga ! Verga !

CAROLINE.

Vas-tu maudire
Ces clameurs ?

LES VOIX.

Verga !

VERGA, *hésitant.*

Non.

CAROLINE, *railleuse.*

Va, ta voix les ligua,
Disperse-les, tribun.

(Verga, toujours hésitant, avance cependant vers la fenêtre. A ce moment, Michel Stradon, pénétré depuis quelques instants par la porte d'entrée de gauche, se met devant Verga).

SCÈNE VI.

LES MÊMES, plus STRADON.

STRADON.

Ne parle pas, Verga.

VERGA, *reculant.*

Stradon !

TRÉBILLON.

Stradon !

TOUS.

Stradon !

CAROLINE.

L'homme de l'Anarchisme !

STRADON.

L'anarchisme fait peur à votre monarchisme.
Vous demandiez un roi
(*montrant Verga*)
que voici. Je défends,
Car vous n'êtes pas tant qu'on le croit triomphants,
Et car je nie encor sa majesté bourrue,
A Verga de parler aux hommes de la rue.
Tu ne parleras pas, Verga.

VERGA.

Vraiment?

STRADON.

Eh ! non,
Tu ne parleras pas.

VERGA.

Et de quel droit?...

STRADON.

Au nom
Du Droit, je te défends. Au nom des multitudes
Qui s'offrent sans savoir au joug des servitudes,
Au nom de la justice, au nom de la clarté
Que, d'un pas indécis, la pâle Humanité
Cherche de siècle en siècle, errante sans boussole
Dans le chemin du doute où le penseur s'isole,
Au nom des libertés minces qu'on nous légua,
Au nom de tous, au nom de toi-même, ô Verga,
Je te dis d'arrêter. Tu vas commettre un crime.

VERGA.

Mais qui t'a dit, Stradon?...

STRADON.

　　　　　　　　Le peuple qu'on opprime,
Trop oublieux des fils vaincus déjà tombés,
Léchât-il tes talons comme les chiens courbés,
Que rien ne justifie, ô Verga, le despote
Du dur écrasement du peuple sous sa botte.
Et si je suis venu, malgré tous, jusqu'ici,
Moi, le négateur, c'est pour te dire ceci :
Ton palais brûlât-il comme un fourneau de forge,
Que tu dois écraser le verbe dans ta gorge,
Que tu dois à tout prix l'empêcher d'en sortir,
Et que si tu ne peux, Verga, l'anéantir,
Tu dois t'anéantir toi-même.

VERGA.

Ah !

CAROLINE.

　　　　　　　　Un peu d'âme
Est-il en toi, Verga? Montre-nous le.

STRADON.

　　　　　　　　Madame,
Les jeux que nous jouons sont périlleux ; et puis,
Je m'adresse à Verga simplement. Je poursuis.
Certes, si ton discours, dans ses mots insipides,
Allait clamer et dire à ces hommes stupides
Qu'ils ont raison d'abattre ainsi tous les pouvoirs,
J'applaudirais. L'esprit puissant a pour devoirs
D'enseigner et d'instruire, et d'éclairer la route.
Mais là n'est pas ton but, Verga ; du moins, j'en doute.
Ton désir est moins haut. Que t'importe les maux ?
Baste ! tu t'empliras la bouche de grands mots,
Et tu leur cracheras savamment la sottise
Pour flatter leur orgueil ; pour flatter leur hantise,
Tu secoueras sur eux, dans un mortel ennui,
Des spectres rouges, comme on en rêve la nuit,
Quand on est, comme sont les peuples, en enfance.

VERGA.

C'est là ce qui me vaut, ô Stradon, ta défense?...

TRÉBILLON.

C'est d'un sublime esprit par Bicêtre légué.

STRADON, *à Trébillon.*

Vous avez l'esprit fin et profondément gai,
Monsieur, et cette verve aimable et fort civile
Vous désigne à la farce, ainsi qu'au vaudeville.
C'est charmant. Laissez-moi vous en féliciter.

(à Verga).

C'est autre chose encor que je vais te citer
Qui te vaut le veto dont madame s'étonne.
Car ce qu'obstinément tu rêves, c'est un trône,
Car tu dois voir passer, dans ton fiévreux sommeil,
Un sceptre d'empereur sur un coussin vermeil ;
Tu penses qu'étendant cette main fanfaronne,
Tu peux prendre le sceptre et ceindre la couronne ;
Et le peuple verrait la chose sans effroi,
Pardieu ! de dictateur, tu t'érigeras roi,
Et la femme qui t'a fait puissant, qui te traîne
A la gloire, est assez forte pour être reine.

CAROLINE.

Et quand cela serait, et quand nous aurions fait
Ce rêve ? Après ?

STRADON.

Il est dangereux.

TRÉBILLON.

En effet,
Avec des fous pareils à ce vieillard.

STRADON.

Jeune homme,
De quelque nom grotesque ou sot que l'on vous nomme,
Et qui que vous soyez, ministre ou député,
Je n'autorise pas votre fatuité
A me baver son vide en des mots ridicules.

TRÉBILLON.

Eh ! eh !

STRADON.

Je ne combats jamais que les hercules,
Tel Verga ; c'est pourquoi, m'attaquant aux géants,
Je méprise les nains et leurs cerveaux béants.

MIÉVILLE.

Ses songes d'idéal se perdent dans la nue.

STRADON.

Il suffit.

VERGA.

Ton erreur, Stradon...

STRADON.

Je continue.
Car tout ce que je dis a son utilité
Dans cette crise où peut sombrer la liberté.
Tu deviens un danger pour le progrès en marche.
Je te l'assure, moi, qui semble un patriarche
Auprès de ta jeunesse.

VERGA.

Eh ! Stradon, ton erreur...

STRADON.

Je te dis que tu veux devenir empereur,

Et que la femme qui te pousse a le caprice
De ceindre la couronne et d'être impératrice.

CAROLINE.

Et quand cela serait, où voyez-vous le mal ?
Le peuple le réclame.

STRADON.

                    Hélas ! oui, c'est fatal.
Du moment que la foule absurde se soulève,
Il en faut profiter, il faut avec le glaive,
Que salue en hurlant ce peuple adorateur,
Se tailler un manteau de pourpre à sa hauteur.
Mais tu n'en feras rien, Verga, je le déclare.

TRÉBILLON.

Ah ! laisse de côté ce vieux bonhomme hilare,
Car le peuple t'attend.

VERGA.

                    Ecoute un peu, Stradon.
Je n'ai pas dans mon cœur l'ambition...

STRADON.

                                        Pardon,
J'affirme que tu l'as.

VERGA.

                    Pourtant?...

STRADON.

                            Je t'injurie?

VERGA.

Je te dis que je veux...

STRADON.

Quoi ? sauver la patrie ?
Laisse-la se sauver toute seule.

VERGA.

Eh ! bien, non !
Tu raisonnes, mon cher, ainsi qu'un tympanon.
Je parlerai.

LES DÉPUTÉS.

Très bien.

CAROLINE.

Va, Verga.

STRADON.

Je t'informe
Que si doit s'accomplir par toi le crime énorme,
Par toi, qui saisirais, dans un vaste larcin,
Le pouvoir, tes jours sont bien comptés.

CAROLINE.

Assassin !

VERGA.

Mais c'en est trop, Stradon.

STRADON.

Tu crois ?

VERGA.

C'est la menace
Au nom d'une utopie, alors ?

STRADON.

                Je suis tenace.
Mais si je ne suis pas celui qui frappera,
Un autre surgira bientôt.

VERGA.

                Qui me tuera
Lâchement?

STRADON.

        Non, en face! On. Quelqu'un. Et n'importe
Quel homme d'énergie et qu'une force emporte
Sur le pouvoir, ainsi qu'un bélier sur un mur.
Un penseur, un rêveur, un timide, un obscur,
Qui viendra te frapper d'une main forcenée,
Comme l'on accomplit, Verga, sa destinée.

VERGA

Ainsi, tu crois, Stradon, que j'ai l'esprit si bas
Qu'il peut considérer l'arme dont tu combats,
Et que j'ai vu jamais la frayeur, cette louve?
Eh! bien, regarde un peu.

CAROLINE.

        Enfin, je te retrouve.

LES DÉPUTÉS.

Bravo, Verga.

STRADON.

Prends garde.

VERGA.

            A quoi? piteux moyens
Que tes menaces.

                          2

STRADON.

Soit. Prends garde.

(Verga, violemment, marche à la fenêtre. Une immense clameur monte de la foule qui l'aperçoit)

VERGA, *à la foule.*

Citoyens !

LES VOIX, *au dehors.*

Verga ! vive Verga !

VERGA.

Citoyens !

LES VOIX, *au dehors.*

Pstt ! silence !
Chut ! assez ! Taisez-vous ! Verga !

VERGA, *qui essaie de dominer le tumulte.*

La vigilance...

(Il s'arrête, impuissant).
(Les Voix continuent à clamer, mais se calment progressivement).

LES VOIX, *au dehors.*

Silence ! il parle. Paix ! là-bas ! Chut !

STRADON.

Souviens-toi
Que tes jours sont comptés si tu veux être roi,
Verga.

LES VOIX, *au dehors.*

Chut !!! Chut !! Chut !... Chut !

VERGA.

                    Citoyens, la Patrie
Est en danger.

STRADON.

    Hélas !

VERGA.

    Ma bouche vous le crie.

LES VOIX, *au dehors.*

Bien ! très bien !

VERGA, *continuant.*

    Les pouvoirs néfastes et hautains
La poussent au-devant de désastres certains.
Et l'heure est angoissante. Et je dis : Prenez garde,
Car l'avenir morne est sous votre sauvegarde,
Car vous avez devant l'Histoire, hommes, devant
L'avenir impassible et tragique arrivant,
Et la postérité vaste à vos clameurs sourde,
Le poids de votre tâche effrayante, et la lourde
Responsabilité du Progrès entravé.
Et c'est très bien d'avoir mis pavé sur pavé,
Et, dans l'aveugle ville où dorment vos alcades,
Coiffé les carrefours surpris de barricades.
Mais ce n'est pas assez.

LES VOIX, *au dehors*

    Bravo ! Vive Verga !

VERGA.

Mais le culte immortel du Grand, qu'on relégua,
Préjugé hors d'usage à la forme grossière,
Vers les gloires d'antan dormant dans la poussière,

S'agite dans vos cœurs irréductiblement.
Vous êtes, citoyens, grandioses.

UNE VOIX, *au dehors*

Il ment !

LES VOIX, *au dehors*

A mort ! le traître ! à mort !

(*Le tumulte croît, puis s'apaise, Verga reprend*).

VERGA.

Vos durs aïeux, sublimes
Paladins que chargeaient tant de lauriers opimes,
Chevauchaient l'univers béant à leurs travaux
Du pas tumultueux de leurs rudes chevaux,
Et traquaient tous les rois peureux dans leurs repaires.
Vous êtes, citoyens, les enfants de ces pères !

LES VOIX, *au dehors*

Bravo ! vive Verga ! vive la Patrie !

STRADON.

Oui,
La patrie est un mot dont on vous éblouit,
Brutes.

VERGA.

Mais la patrie, hommes ! forte nourrice,
Faut-il donc qu'elle sombre, hélas ! qu'elle périsse,
Grâce au mauvais vouloir de tous vos dirigeants,
Gouvernant à l'envers du sens commun des gens !
Ils mettent en péril cette mère sacrée.

LES VOIX, *au dehors*

Bravo ! vive Verga !

VERGA.

Leur engeance exécrée
Assouvit sans vergogne aucune leurs honteux
Appétits. Devez-vous vous courber devant eux ?
Et devez-vous, brebis, laisser tondre vos laines
Par ces mauvais pasteurs dont les panses sont pleines?
Ils sont gavés, tandis que vous crevez de faim.

LES VOIX, *au dehors*

C'est vrai ! bravo, Verga ! qu'on les supprime !

VERGA.

Enfin,
Malgré tous les affronts des défaites, stigmates
Dévorants, les soldats peuplent les casemates,
Y pourrissent, pareils aux cloportes craintifs,
Sans dépasser jamais les fossés des fortifs.
Et vous, la loyauté, comme eux sont le courage,
Geignez de désespoir quand ils geignent de rage !

LES VOIX, *au dehors*

C'est vrai ! Bravo ! à bas les gouvernants !

UNE VOIX, *au dehors*

C'est faux !

LES VOIX, *au dehors*

Le traître ! A mort l'anti-patriote !

(Tumulte au dehors, comme si on lynchait quelqu'un.
Le bruit s'apaise, Verga reprend).

VERGA.

Les faulx
Des rapaces pouvoirs tondent jusqu'aux racines
L'herbe qu'on nomme peuple ; et les faulx assassines

Sont sans pitié pour vous. Mornes troupeaux humains,
Dans l'enfer social, vous vous tordez les mains
De désespoir amer, et l'on peut mettre en berne
Sur vous le noir drapeau de misère.

STRADON.

Il les berne.

VERGA.

Tous vos marchés sont morts, stagnant dans la torpeur.

LES VOIX, *au dehors*

C'est vrai !

VERGA.

La concurrence étrangère fait peur.
Vos produits sont battus, impuissants, et la banque
Vous saisit au larynx. L'agriculture manque
De bras, les paysans la fuyant, emportés,
Noir essaim d'affamés, vers les noires cités.
Tout semble être frappé d'un farouche anathème.
Les ans sont sans saisons. Si bien que le ciel même
Parait parfois, saisi d'on ne sait quel courroux,
Renier votre vigne et trahir vos blés roux !

LES VOIX, *au dehors*

C'est vrai ! bravo, Verga !

STRADON.

Dis des choses stupides
A ces hommes aux flancs de brute, aux yeux cupides,
Dont tu flattes, Verga, tous les hideux instincts.
Mais souviens-toi.

VERGA.

Malgré tous les mauvais destins,
Vous auriez vû grandir entre vos mains prospères
Cette patrie, orgueil et force de vos pères.

Mais le gouvernement anarchique, où les lois
Sont aux mains de bandits aux ténébreux exploits,
Pousse fatalement la Patrie éventrée
A la fin lamentable. Ils en font leur curée,
Tous ces gens sans aveu que vous avez pu voir
Se passer tour à tour les rênes du pouvoir.
Et chacun veut tailler dans cette agonisante.
O honte de l'Histoire et de l'heure présente !
Que vos aïeux aient fait, à force de travaux,
Cette patrie, effort des bras et des cerveaux,
Forte et juste pour tous par leurs œuvres utiles,
Pour la voir devenir comme un nid de reptiles,
Et vers le gouffre aller de son pas chancelant,
Avec cette vermine immonde dans son flanc !

LES VOIX, au dehors.

Bravo ! bravo ! bravo ! Vive Verga !

VERGA.

               Tout sombre
En cette heure néfaste et sinistrement sombre :
L'amour de la Patrie éternelle et la Foi ;
Et l'esprit, subissant tous les vents à la fois,
Semble dans la déroute une folle boussole.
Où courons-nous, bon dieu, si rien ne nous console,
Si dans un reniement fou, stupide, odieux,
Nous mettons au rancart la patrie et les dieux !

LES VOIX, au dehors

Oui, vive la patrie ! et meurent les athées !

VERGA.

Hélas ! pour laver tant de fautes supportées,
Quelle énergie il faut montrer. Car vous avez,
Pour que vos durs labeurs enfin soient achevés,
A refaire une sève à votre moribonde ;
Il vous faut extirper l'erreur, qui, folle, abonde ;
Et traquer l'utopie absurde qui détruit
Tout monument, troublant le monde de son bruit ;

Et faire épanouir le respect, fleur frappée,
Et la croyance antique à l'ombre de l'épée.
Et vous l'avez compris, citoyens indignés !
C'est pourquoi vous sortez, que vous vous résignez,
La vérité soudain vous étant apparue,
A pousser votre foule épique dans la rue ;
Que vous avez, pensifs, décidés, décroché
Le glaive que l'aïeul a sans doute ébréché
— A l'époque où les flots humains se faisaient fleuves!—
Sur le socle d'airain de vos royautés veuves,
Dont les fronts couronnés, sous le fer redouté,
Roulaient comme des fruits trop mûrs, les soirs d'été !
C'est pourquoi, mécontents de vos gouvernants mornes,
Et la mansuétude humaine ayant des bornes,
Le peuple souverain étant las des valets,
Vous les irez chasser, ces ombres, des palais,
Vos armes dans vos mains devenant des lanières,
Comme autant de chacals honteux, de leurs tanières !

LES VOIX, au dehors.

Bravo ! tribun ! A mort les gouvernants !

VERGA.

Allez !
L'armée où tous vos fils, hommes, sont enrôlés,
L'armée énigmatique et muette, gardienne,
Dans la honte incessante, hélas ! quotidienne,
De la patrie en deuil et des lois, l'arme aux pieds,
Vous laissera chercher, jusque dans leurs clapiers,
Vos ministres tremblants de peur comme des lièvres.
Mais si leur chef avait le mot : non ! sur les lèvres,
Dites que le pouvoir vainement se roidit,
Et que Verga, l'ami du peuple, vous l'a dit.

(Verga revient sur le devant de la scène).

LES VOIX, au dehors.

Au Parlement! A mort les gouvernants! les traîtres !
A mort ! à mort!

STRADON.

Tu fais d'hommes libres des reitres,
Verga. Tu leur prédis d'étranges temps nouveaux.
Le besoin d'esclavage est dans tous ces cerveaux
Que torture un désir âpre de tyrannie.
Et tu parles, vraiment, mon cher, avec génie.
Tu leur parles de sabre, ils t'acclament. C'est bien.
Tu seras un tyran, probablement, si rien
Ne vient, fatalité profonde appesantie,
Broyer dans l'œuf ce noir fœtus de dynastie.

CAROLINE.

Vous menacez encor !

STRADON.

Quoi ? Verga, tu te tais ?

VERGA.

Je songe, homme orgueilleux, que si je te jetais
A cette foule en marche au nom de la patrie,
Comme on jette du lest à la mer en furie,
Ce ne serait pas si stupide, en vérité.

STRADON.

Jette.

VERGA.

Je songe aussi que ton corps révolté
Ne vivrait même pas, dans ces flots en tumulte,
Le temps de me cracher une suprême insulte.

TRÉBILLON.

C'est mon avis.

MIÉVILLE.

Le mien,

MAGAUD et BATICLE.

Eh ! eh !

STRADON.

Eh ! bien, fais.
Des actes pareils ont de bizarres effets.
Peut-être verrait-on, sous le pied dur qui foule,
Mon rêve s'évader et passer dans la foule.
Fais.

VERGA.

Ce serait justice.

SCÈNE VII.

LES MÊMES, un COLONEL.

JOSEPH, *annonçant*.

Un officier.

VERGA.

Entrez,
Chef.
(*Un colonel entre*).

LE COLONEL, — *saluant*.

Madame... Messieurs...
(*à Verga*).

Tous mes pairs, pénétrés
De la gravité de leur tâche en ces désordres,
Me chargent de quérir, maître, vers vous des ordres.
L'armée attend,

VERGA.

Eh ! bien, qu'elle entre au Parlement.

STRADON.

C'est un crime.

LE COLONEL.

Hein ? quoi ?

STRADON.

C'est un crime.

LE COLONEL.

Comment ?

VERGA.

Faites, mon colonel. Laissez dire cet homme.

STRADON.

Je suis la conscience et l'obsédant fantôme.

LE COLONEL.

C'est tout, maître ?

VERGA.

C'est tout.

STRADON.

C'est trop déjà.

CAROLINE.

Pardon,

Un ordre encor.

LE COLONEL.

Lequel ?

CAROLINE, *impérieuse.*

Qu'on arrête Stradon !

EN MARCHE

Intérieur d'une maison de campagne pauvre. Au premier plan, à gauche, une table près de laquelle la mère de Stradon, très vieille, paralysée. Vers la fenêtre, à droite, Marcelle, fille de Stradon, est assise et copie de la musique. A gauche, cheminée, buffet.

SCÈNE Iʳᵉ.

MARCELLE, L'AÏEULE.

MARCELLE.

Que ce soleil d'exil est triste. Sa blafarde
Lueur vous met l'angoisse à l'âme. Tiens, regarde,
Juge. Ce masque froid, d'un éclat incertain,
Donne l'impression d'un vil disque d'étain,
Chose en toc scintillant d'une clarté factice.

L'AÏEULE.

Enfant !

MARCELLE.

Ce soléil est faux comme la justice
Des hommes. Il nous ment. Il n'a pas de chaleur.

L'AÏEULE.

Marcelle !

MARCELLE.

Mère ?

L'AÏEULE.

Eh ! non, je vois à ta pâleur,
O ma fille chérie, à tes deux yeux de fièvres,
Que les mêmes soucis t'obsèdent. Et tes lèvres
S'occupent d'exhaler sur l'astre ta rancœur
Dans la peur que les mots ne trahissent ton cœur.

MARCELLE.

O ma mère !

L'AÏEULE.

Non, non, c'est le foyer de vie.
A l'indicible espoir en demain il convie.
Espère donc, ma fille.

MARCELLE.

Hélas !

L'AÏEULE.

Car le soleil,
Ainsi que la justice, autre astre à lui pareil,
Plane au-dessus des fronts. Va, sa chaleur est douce,
Et réconforte...

MARCELLE.

Hélas !

L'AÏEULE.

Il ne trahit pas... Pousse
Mon fauteuil vers le jour.

(Marcelle pousse un fauteuil vers la fenêtre. L'aïeule se lève péniblement, appuyée sur un bâton et sur Marcelle, et va au fauteuil).

              Oh! quel bain réchauffant
De lumière. Vois-tu, c'est le dieu triomphant.
Nul de nous, s'acharnant sur le marcheur qui passe,
Ne saurait arrêter son lever dans l'espace.
Demain, c'est un soleil aussi.

MARCELLE.

              Marquera-t-il
La fin de ce pénible et lamentable exil?
Me rendra-t-il mon père?

L'AÏEULE.

           Il reviendra, Marcelle.

MARCELLE.

Et le bagne est muet sur tous ceux qu'il recèle.
Depuis trois ans qu'il est là-bas, mon père, au loin,
Sait-on s'il vit encor? Le ciel est un témoin
Qui ne me dirait pas, mère, son agonie,
Pas plus que ce soleil qui passe, et dont je nie
La chaleur.

L'AÏEULE.

       Ce soleil, Marcelle, est bienfaisant.
Que Stradon vive ou bien qu'il soit agonisant,
Ce soleil a jeté sur lui sa clarté blonde,
Et réchauffé ton père à l'autre bout du monde.

MARCELLE.

Mais il est insultant, ce grand contemplateur,
Qui toise avec mépris nos maux, de sa hauteur,
Et je ressens pour lui comme une haine corse.

L'AÏEULE.

Marcelle!

MARCELLE.

      Je le hais parce qu'il est la force
Et la sérénité tragique du destin.

L'AÏEULE.

Non, il est la chaleur, la vie.

MARCELLE.

Eh ! c'est certain.
Aussi l'indifférence. Et le soir, quand il saigne,
C'est d'orgueil et non pas de pitié. Ce roi règne
Sur une humanité souffrante, aux fils errants.
Mère, je hais les rois.

L'AÏEULE.

Oui, tous, minces et grands,
Sont la négation de l'idéal en route.

MARCELLE.

Ils oppriment les cœurs et sonnent la déroute
Des esprits.

L'AÏEULE.

Le soleil, lui, n'a rien d'un tyran.
Ce n'est qu'un impassible et qu'un indifférent,
Voilà tout. Si l'homme est petit, l'astre est sublime,
Foyer des grelottants.

MARCELLE.

Témoin muet du crime.

L'AÏEULE.

Marcelle, la douleur te fait déraisonner,
Tu souffres.

MARCELLE.

Oui, je souffre, hélas ! à la traîner
Dans mon flanc, cette haine, en mon cœur, en mes moëlles,
Vivace à rejaillir en sang jusqu'aux étoiles,
Et je la sens parfois qui m'étouffe, et j'en meurs.

L'AÏEULE.

Rien ne sert d'écorcher sa bouche à des clameurs.

MARCELLE.

Il vaudrait mieux agir ?

L'AÏEULE.

Mieux espérer, ma fille.
Demain est le grand maître.

MARCELLE.

Il est trop lent.

L'AÏEULE.

Il brille
Comme l'aube, il accourt; sois confiante, attends.

MARCELLE.

O mère, je l'attends, mais depuis trop longtemps,
Ce Demain dont je doute encore, et qui se lève
Sur la pourpre d'un crime et dans l'ombre d'un glaive.
Il verra tant de honte en arrivant chez nous,
Que j'ai peur qu'il n'abdique et ne tombe à genoux
Aussi, comme la sotte humanité craintive,
Devant les pouvoirs faux.

L'AÏEULE.

Pourquoi?

MARCELLE.

Je suis rétive
A l'espérance ; elle a trop leurré mon cerveau.

L'AÏEULE.

Ton père reviendra.

MARCELLE.

Mère, je crois qu'il vaut,
— Et ce m'est bien cruel — mieux en garder le doute.
Tant que Verga vivra, ce Verga que redoute
Le monde entier, le bagne aura sa proie... à moins...

L'AÏEULE.

A moins?

MARCELLE.

Que, s'égarant quelque jour sans témoins,
Hors du palais où veille incessamment sa garde,
Le dictateur ne trouve alors la mort hagarde.

L'AÏEULE.

J'ai peur de te comprendre...

MARCELLE.

Il m'y faudra songer.

L'AÏEULE.

Marcelle, que dis-tu?

MARCELLE.

J'ai mon père à venger.

L'AÏEULE.

Chasse ce dangereux projet de ta cervelle.

(Quelqu'un frappe à la porte)

SCÈNE II.

LES MÊMES, plus MARKANT.

MARKANT, *au dehors*.

Peut-on entrer?

MARCELLE.

Entrez.

(Markant entre, tenant à la main un journal).

MARKANT.

Une bonne nouvelle.
Lisez, mademoiselle.

(Marcelle prend le journal, le lit et pousse un cri).

MARCELLE.

Evadé ! délivré !
Hors du bagne ! Grand dieu, ma mère !

L'AÏEULE.

Est-ce bien vrai ?

MARKANT.

C'est écrit. On nous conte éloquemment la chose,
Avec force détails. Cette évasion cause
Une surprise énorme.

L'AÏEULE.

Alors, c'est bien certain ?
Il revient ?

MARCELLE.

Bien certain.

MARKANT.

On nous dit qu'un matin
On chercha vainement Stradon et quelques autres ;
On ne les trouva pas.

MARCELLE.

Partis !

MARKANT.

Les bons apôtres
Que le gouvernement de Verga, soucieux,
Leur donna pour gardiens n'en croyaient pas leurs yeux,
Et faisaient, nous dit-on, un nez grandi d'une aune.
Envolés, les oiseaux !

L'Aïeule.

Mais les dangers ! la faune
Est terrible, là-bas.

Markant.

On nous apprend, d'abord,
Qu'un navire chinois les a pris à son bord,
Sans doute, et débarqués bientôt en Amérique.

L'Aïeule.

Mais alors, ce n'est plus un rêve chimérique
Que ce retour ! Il va rentrer, ton père, enfant.
Tu vois qu'il a raison, ce soleil triomphant,
Qu'il parle d'espérance et non pas de mensonge.
Eh ! bien, mais tu te tais, ô Marcelle ?

Marcelle.

Je songe.

L'Aïeule.

Mais à quoi ? n'es-tu pas satisfaite enfin ?

Marcelle.

Si,
Ma mère.

L'Aïeule.

Ton regard semble comme obscurci
D'un voile de tristesse. Allons, rêveuse, bouge,
Ris, le soleil est gai.

Marcelle.

Ma mère, il devient rouge.
Et j'ai peur qu'il ne soit, cet astre rutilant,
Le présage hideux d'un avenir sanglant.
Et c'est ce qui me rend songeuse.

L'AÏEULE.

Non, espère !
Ton père vient.

MARCELLE.

L'effroi vient-il avec mon père ?

L'AÏEULE.

Toujours, ô poétesse !

MARKANT.

Il ne faut pas avoir
De ces pensers profonds et tristes, qui font voir
Tout sous un dais de deuil.

L'AÏEULE.

Oui, sois donc à la joie.

MARCELLE.

Je songe au peuple.

L'AÏEULE.

Encore !

MARCELLE.

Et que Demain rougeoie
Sur le front des pouvoirs d'un écarlate éclat,
Et que mon père, enfin revenu, sera là.

*(Stradon entre, pauvrement vêtu, fatigué, la barbe
toute blanche).*

SCÈNE III.

LES MÊMES, plus STRADON.

STRADON.

Oui, ma fille.

MARKANT.

Stradon !

MARCELLE.

Mon père !

L'AÏEULE.

Mon fils !

STRADON *(baisant sa mère au front).*

Mère,
Vous d'abord.

(à Marcelle qu'il embrasse ensuite).

Et toi, tête éprise de chimère,
Ô ma fille chérie !

(tendant la main à Markant).

Et toi, Markant...

(à tous).

Combien
Je vous surprends.

MARCELLE.

Non pas, nous t'attendions.

STRADON.

                              C'est bien,
Je n'espérais pas moins de vous.

L'AÏEULE.

                    Prends une chaise.
Assieds-toi, Michel, chez toi ; mets-toi donc à l'aise.
Rien n'est changé, vois-tu. Le maître était parti,
Il revient.

STRADON, *souriant*.

            Il était pour affaires sorti.
On avait consigné pour les intrus sa porte.

L'AÏEULE.

Que tu dois être las.

(à Marcelle).

                Voyons, Marcelle, apporte
Ce qu'il faut pour donner de la force à ce corps
Qui peut être épuisé de souffrance et d'efforts.

STRADON.

Je ne suis pas aussi fatigué qu'on suppose,
Ma mère.

L'AÏEULE.

        Oui, mais la faim tyrannique s'impose.

STRADON, *à Marcelle qui cherche dans le buffet*.
Un peu de vin suffit.

L'AÏEULE.
Simplement ?

MARKANT.
                    Vivrais-tu
De rêve ?

STRADON.

Me croit-on tellement abattu ?
Dans la lutte sans fin le pauvre corps écope,
Mais ma chair endurcie ignore la syncope ;
Elle est forte.

(*Marcelle a apporté sur la table une bouteille de vin et
des verres*).

MARCELLE.

Il est vieux, fruit des côteaux divins
Qui t'ont vu naître.

STRADON.

Ami d'enfance. Roi des vins.
Je n'accepte les rois que chez ces malvoisies,
Dont les rubis, chanteurs de toutes poésies,
Font le cœur gai.

(*Marcelle passe un verre à l'Aïeule*).

(*Stradon élève son verre*).

Soutien des faibles aux abois,
Liqueur rouge, liqueur de flamme, je te bois
A l'Humanité libre !

TOUS, *élevant leurs verres.*

A l'Humanité libre !

STRADON.

Libre, gardant par la Justice l'équilibre,
Et prenant la raison saine pour balancier ;
A l'Avenir, tragique et noble justicier,
Je bois !

MARCELLE.

A l'Avenir !

(*Ils posent les verres*).

STRADON.

J'admire ma Marcelle,
Esprit hardi. Ce n'est plus une jouvencelle,
Mais la femme embellie... et sévère.

L'AÏEULE.

Mais oui.

STRADON.

Tel un fruit merveilleux enfin épanoui.
Et vous, ma chère mère, encor forte et vaillante,
Gardant sous la fortune adverse et malveillante
La gaîté d'autrefois.

(Montrant la mère et la fille).

Octobre avec avril.
Le morose est avril.

MARCELLE.

Sur la terre d'exil,
J'ai médité, mon père ; et dans mon cœur, la haine
Des pouvoirs, grandissante, a la vigueur d'un chêne.

STRADON.

C'est ainsi qué sont faits les sensibles, les bons.
Dans l'iniquité noire où tous nous succombons,
De ne pouvoir sauver l'humanité courbée,
Ils tombent à la haine.

MARCELLE.

Aussi, j'y suis tombée.

STRADON.

Je t'en relèverai peut-être.

MARCELLE.

Non.

STRADON.

Allons !

(*s'asseyant*).

Mais parlons d'autre chose.

L'AÏEULE.

Oui. Les jours étaient longs
Quand tu n'étais pas là, mon fils. Par habitude,
Nous t'attendions toujours dans notre solitude,
Pensant à tout instant te voir entrer, t'asseoir.
Comme autrefois, avec nous, disserter, le soir,
Ou méditer avant de reprendre la plume.

STRADON.

Oui, pour écrire encor quelque mauvais volume
Incompris de la foule.

MARCELLE.

Hélas !

STRADON.

Eh ! bien, Markant,
En exil aussi, toi ?

MARCELLE.

Pour un livre éloquent.

MARKANT.

Oh ! un pamphlet, pas plus.

STRADON.

Mais Verga hait la prose ?

MARKANT.

Il trouve que le vers est tout autant morose,
Quand il ne chante pas sa grandeur,

STRADON.

                    Il lui faut
Des poètes? Quel est le barde sans défaut
Qui consent à courber servilement sa muse?

MARKANT.

Veyrence?

STRADON.

    Hein? quoi? Veyrence?

MARCELLE.

                    Oui.

STRADON.

                    La chose m'amuse.
Celui qui me traitait de mâchoire? truand
Du vers qui m'appelait Stradon tonitruant?

MARCELLE.

Lui-même.

STRADON.

    Ah!

MARKANT.

        Il bâtit des poèmes épiques
Enthousiastes et chauds...

STRADON.

                    Comme les tropiques?
Diantre!

MARKANT.

    C'est un génie énorme, assurément.

STRADON.

Et Verga le décore?

MARCELLE.

Oui, c'est son châtiment.

STRADON.

En effet ; car il faut un estomac solide...

MARCELLE.

Organe à digérer des fragments de bolide.

STRADON.

...Pour suivre ce régime...

MARCELLE.

     Et cracher son cerveau
Au prote qui l'imprime et le relie en veau.

STRADON, *riant*.

Méchante.

MARCELLE.

   Eh ! non. Veyrence est un poëte auguste.
Si l'on n'empaille pas cet aigle, c'est tout juste.

MARKANT.

Ce poëte est mauvais, creux comme un calembour.

MARCELLE.

C'est un gong que l'on frappe, une peau de tambour
Dont le vide résonne.

MARKANT.

    Il chante le massacre
Du peuple par Verga, qu'il encense.

MARCELLE.

                    Il consacre
Un livre tout entier de vers doublement plats
A nos fiers généraux de salons, enfin las
D'avoir éventré trop de femmes dans les rues.

L'AÏEULE.

C'est infâme.

MARCELLE.

               Il l'a fait en ses odes parues
Le même jour en quatre idiomes ; ses vers
Ont chanté notre honte à tout un univers.
Verga l'a décoré ce jour-là. L'infamie
Eut sa palme et son siège en une académie.
Et le peuple saigné béait, applaudissant,
Les pattes dans la boue et le nez dans son sang !

STRADON.

Quelle révolte en toi, Marcelle ?

MARCELLE.

                    Oh ! oui, mon père.

L'AÏEULE.

Chaque jour sa folie encore s'exaspère.
Je ne puis la calmer.

STRADON.

              Ah?... Je suis satisfait
De la voir énergique et franche.

L'AÏEULE.

                    C'est parfait.
Mais l'action est bonne aux hommes, non aux femmes.

MARCELLE.

Notre lutte, ma mère, est une lutte d'âmes.
Les âmes sont sans sexe.

L'Aïeule.

Erreur encor.

(*à Stradon*).

Dis-moi,
Toi que je vois si calme, ô mon fils, sans émoi,
Comme si tu rentrais sorti d'hier, ta fuite
Dût être difficile?

Stradon.

Oui, le départ. La suite
Ne valut guère mieux.

Markant.

Stradon, conte-nous ça.

Stradon.

Baste, c'est l'odyssée...

Marcelle.

Où plus d'un trépassa
Sans aller jusqu'au bout du poème?

Stradon.

Sans doute.
Nous nous sommes enfuis quatre, un matin. La route?
Mauvaise, assurément; on n'avait pas le choix.
On se cachait le jour, et le soir, quelquefois,
Quand la lune brillait. Des forêts insalubres,
Très vastes et sans fin, qui, la nuit, sont lugubres.
Mangeant? Ce qu'on trouvait. L'un de nous fût perdu
Le premier jour. Un autre ayant été mordu
Par un reptile nain faillit en mourir.

Markant.

Bigre.

Stradon.

Un troisième, une nuit, fut mangé par un tigre.

MARCELLE et l'AÏEULE.

Ah ! Horreur !

STRADON.

Nous restions deux le dixième jour.

MARKANT.

Quel effrayant pays !

STRADON.

Oui, déplaisant séjour.

Enfin, après au moins deux semaines de luttes,
Nous étions vers la mer. Sur la plage, des huttes
D'indigènes fumaient. Un navire chinois,
Haut sur sa quille ronde en coquille de noix,
Était à l'ancre, au large.

MARKANT.

Il voulut bien vous prendre ?

STRADON.

Nous eûmes de la peine à nous faire comprendre
Du capitaine jaune, abrupt comme un écueil,
Dont le vaisseau chargeait de la planche à cercueil,
Ce qui nous mit au cœur bien des mélancolies.
Bref, il nous engagea, manquant de coolies
Pour son travail sinistre. Et quinze jours après,
Un vent de l'est ayant soufflé dans nos agrès,
Notre jonque fraudeuse à la cargaison sombre
Atteignit une rade obscure, sans encombre,
Dans une terre anglaise.

MARKANT.

On vous mit sur le sol ?

STRADON.

Simplement. Nous pouvions diriger notre vol
Où bon nous semblerait, l'Angleterre pratique
Ne reconnaissant pas le crime politique.
Donc, me voici rentré.

MARKANT.

C'est bien.

MARCELLE.

Nous t'attendions.

STRADON.

Etrange esprit.

MARCELLE.

Assurément.

L'AÏEULE.

Et nous gardions
Irréductiblement en nous une espérance.

MARCELLE.

Par nos temps de détresse et nos temps de souffrance,
Où flotte sans savoir la pâle Humanité,
Les hommes comme toi sont la nécessité,
Car ils ont ici-bas leurs destins et leurs rôles.

STRADON.

Tu le crois ?

MARCELLE.

Car il faut leurs gestes, leurs paroles
A la foule.

STRADON.

Qui les méconnaît.

MARCELLE.

Allons donc !
Même niés, ils sont utiles, les Stradon,
Quand ils prêchent la foule ou qu'ils sapent les faîtes.

STRADON.

Ils sont bien impuissants.

MARCELLE.

Mais ils sont des prophètes !

STRADON.

Je suis épouvanté, ma fille, car je vois
Que mon âme a passé dans ton corps, que ta voix
Clame mon rêve altier.

MARCELLE.

Eh ! bien ?

STRADON.

Et ma démence...
Je me croyais bien mort.

MARCELLE.

Non, je te recommence.

STRADON.

C'est là ma seule peur.

MARCELLE.

Pourquoi ?

STRADON.

Marcelle !

MARCELLE.

Eh ! bien ?

STRADON.

Mais c'est la vie atroce, entends-tu ?

MARCELLE.

> Non, non, rien
Ne saurait arracher à mon âme indignée
L'espoir de cette vie, et j'y suis résignée.

STRADON.

La femme a son devoir : vivre pour un foyer.

MARCELLE.

Mon foyer, c'est le monde. Il est vaste. Et choyer
L'Humanité, c'est là ma mission amère.

STRADON.

Ambition immense !...

MARCELLE.

> Egorger ta chimère ?
Tu ne le voudrais pas !

STRADON.

> Mais, ô Markant, dis-lui
Le danger de ce rêve.

MARCELLE.

> Inutile aujourd'hui.
Car depuis si longtemps cette chimère est née
Dans mon être, qu'elle est à l'âme enracinée.

STRADON.

Guéris ton noble esprit de ce rêve étouffant.

MARKANT.

Depuis que ce Verga farouche est triomphant,
On voit s'acheminer les convois lamentables
Vers l'exil.

STRADON.

Tu vois bien.

MARCELLE.

               Ils sont très respectables,
Ces exilés.

MARKANT.

          Durant tous ces temps de terreur,
Où se dresse déjà l'ombre d'un empereur,
On a tant vu tailler dans la moisson vivante
Que la foule courbée en garde l'épouvante,
Que les fronts sont tremblants ainsi que des fruits mûrs.
Le peuple en a trop vu qu'on adossait aux murs
Au jour du coup d'Etat. Depuis, la guillotine
S'abat incessamment sur quiconque s'obstine ;
Et Verga se défend. C'est un rude joûteur.

MARCELLE.

Mais c'est un homme, enfin, que votre dictateur !
Si le peuple n'a pas, cédant à la cognée,
Même un cri de révolte en son âme indignée,
Il faut l'avoir pour lui.

MARKANT.

               Le peuple qu'on abat,
Marcelle, a déserté l'inutile combat.
La bête s'est terrée. Aucune force humaine
Ne peut la réveiller, et nul ne la ramène.
Elle est vaincue.

MARCELLE.

               Ah ! ah ! ils sont tous abattus,
Ces hommes qui n'ont pas dans leurs rangs un Brutus.
Et la frayeur leur met un rictus sur les lèvres ;
Et les lions altiers sont devenus des chèvres.

L'AÏEULE.

Mais ils sont impuissants !

MARCELLE.

				Impuissants ! Tous contre un !
C'est ce que l'on appelle ici le sens commun.
Mais à quoi servent donc, ô figures hautaines,
Les plombs dans les fusils, les couteaux dans les gaînes,
Puisqu'ils ne doivent pas en sortir, même quand
Un homme à lui seul met tout un peuple au carcan.

STRADON.

La passion t'emporte !

MARCELLE.

				Eh ! leur âme tremblotte
De peur. Ce qu'il leur faut...

STRADON.

				Oui ?

MARCELLE.

				C'est une Charlotte !...

STRADON.

Tu ne la seras pas, malheureuse !

MARCELLE.

				Et pourtant ?

STRADON.

Non !

L'AÏEULE.

Ah ! c'est là son rêve.

MARCELLE.

				Il m'obsédera, tant
Que je ne l'aurai pas réalisé.

STRADON.

                    Ton père
Suffit.

MARCELLE.

    Vous voudriez ?...

STRADON.

                J'ai promis. Et j'espère
Que mà parole vaut n'importe quel serment.
Je reviens, mais j'apporte aussi le châtiment.

MARCELLE.

Oh ! que vous êtes grand, mon père.

STRADON.

                    Non ; mais juste.
Et la haine n'est pas un mets que l'on déguste.
Je ne la connais pas. Car moi, je ne sais rien,
Sinon que l'homme souffre, âpre galérien,
Pas seulement des maux, mais de la tyrannie,
Sans comprendre ; qu'il faut agir pour lui, qui nie
Ceux qui le servent.

MARCELLE.

    Oui.

STRADON.

                Je sais qu'il faut frapper
Qui l'opprime ; et je vais ainsi sans me tromper,
Du même pas, sans fougue et sans hâte subite,
Bolide humain certain de suivre mon orbite.

MARCELLE.

    Alors, mon père ?

STRADON.

    Alors, je ferai mon devoir.

                    4

MARCELLE.

Et ta main, s'attaquant à l'insolent pouvoir,
Frappera, s'il le faut, jusqu'au forban sinistre
Que l'on célèbre avec la lyre, au bruit du sistre ?

STRADON.

Je ferai ce qu'il faut. Puisque tous se sont tûs,
J'agirai. J'ai promis.

MARCELLE.

Le voilà, le Brutus
Que ma voix réclamait à la foule peureuse
Et lâche. C'est mon père ! Ah ! que je suis heureuse !

STRADON.

Noble cœur, qui m'approuve en ce sort singulier,
Où je vais, dans le calme inouï d'un bélier
Sur un mur, droit au but.

MARCELLE.

Tu fais bien. Je te trouve
Et très digne et très grand. Ma conscience approuve,
Et ta fille chérie est fière de toi, va.

STRADON.

Le temps m'a pu blanchir, maître qui m'éprouva,
Mais je n'ai pas perdu mon énergie amère.

L'AÏEULE.

Alors, tu pars, Stradon ?

STRADON.

Je repars.

L'AÏEULE.

Et ta mère,
Stradon ? ta mère vieille à descendre au cercueil,
Que la mort tient déjà rivée en ce fauteuil ?

Ta mère qui n'avait, homme de toi prodigue,
Donnant à tous ta vie entière, sans fatigue,
Ta mère qui n'avait qu'un désir en l'esprit,
Te revoir et mourir, elle, à qui l'on te prit
Si souvent, et qui fut seule, dans son veuvage,
Tel un fantôme en deuil debout sur un rivage,
La femme de ton père, ô mon fils, qu'en fais-tu ?

STRADON.

O ma mère !...

L'AÏEULE.

Je sais que ton esprit têtu
Te pousse devant toi, fatalement, sans trève,
Sur la route indécise où s'égare ton rêve,
Mais, dis-moi bien, es-tu si sûr d'avoir raison ?

STRADON.

Je le crois.

L'AÏEULE.

Ton désir est-il une oraison
Funèbre qu'on fera sur une tombe illustre ?
Et veux-tu, pour ton nom déjà sonore, un lustre
Plus grand ? Hélas ! penseur, conducteur de brebis,
Prophète ! — on te l'a dit — est-ce que tu subis,
Tels d'aucuns devant qui l'humanité s'effare,
L'orgueil démesuré de briller comme un phare ?

STRADON.

Oh ! loin de moi...

L'AÏEULE.

J'avais, moi, pauvre vieille, fait
Ce rêve lumineux et très simple, en effet,
De t'avoir près de moi jusqu'à ma mort.

STRADON.

Ma mère.

L'AÏEULE.

Tu suivis tant jadis, malgré tout, ta chimère,
Tu luttas, souffris tant, que tu dois être las.
Je te vois devenu presqu'un vieillard, hélas !
Laisse à d'autres le rôle ingrat d'être prophète.
Ce désir impossible, à qui je faisais fête,
N'était pas, je le crois, par trop exorbitant.
J'ai tant tremblé pour toi, parti ; je t'aime tant.
Laisse-moi cette joie et reste. Je t'implore,
Car j'ai si peu de jours, Michel, à vivre encore.
Laissez-moi les finir, dis, en te contemplant,
Puisque je te revois. Que ton cerveau brûlant
S'apaise.

STRADON.

Je ne puis.

L'AÏEULE.

Tu vois, ta fille est ivre
De la même utopie. Une enfant, qui veut vivre
Aussi ce songe auguste. O fils, en vérité,
Je finis par haïr la sotte humanité,
Pour qui vous existez simplement, la marâtre
Qui chasse mes enfants trop bons loin de mon âtre,
Qui t'a mis des pensers songeurs sous le sourcil,
Qui t'a pris la patrie et t'a donné l'exil,
Qui voudrait, dure autant qu'une euménide antique,
Vous voler à l'amour d'une paralytique.

MARCELLE.

Mais, ô ma mère, il est de ces hommes marqués
D'un sceau fatal, qui sont pour la lutte indiqués.
Mon père est de ceux-là. Leurs travaux sont fertiles.

L'AÏEULE.

Peut-être que leurs morts sont quelquefois utiles,
N'est-ce pas ?

MARCELLE.

Qui vous dit ?...

L'Aïeule.

Le danger est certain.

Stradon.

Mais rien ne sert de fuir, ma mère, le destin ;
Il vous trouve toujours.

L'Aïeule.

Stradon, tu veux ta perte,
Bien inutilement en holocauste offerte
A cette humanité farouche en qui tu crois,
Et qui ne saura rien que t'ériger ta croix.

Stradon.

La croix est un sommet.

L'Aïeule.

Les sommets sont impies,
S'ils sont des monts d'orgueil. Meurent les utopies
Qui n'ont pour résultat que de bâtir des noms
A des audacieux dont nous nous étonnons !

Stradon.

Oh ! vous me jugez mal ; j'en souffre. Je respecte
Ma mère, même, hélas ! quand elle me suspecte.
Mais vous me jugez mal. Je serai l'inconnu,
L'homme sans nom, obscur, on ne sait d'où venu,
L'ignoré, front sans titre, et dont la main se dresse
Au nom du Droit, au nom de Demain, vengeresse,
Comme un destin en marche,

4*

L'AÏEULE.

                    Enfin, ce que tu veux,
Obstiné, dont j'ai vu se blanchir les cheveux
Dans la lutte incessante et la noire misère,
C'est l'acte que tu crois pour Demain nécessaire.
Tu payeras du prix de ton sang répandu
Ce geste que tu veux.

STRADON.

                    Qu'il coule, s'il est dû,
Ce sang, pour arroser l'incertaine semence.

L'AÏEULE.

Tu demandes à moi ce sacrifice immense
De l'envoyer moi-même au devant du bourreau ?

STRADON.

Il le faut.

L'AÏEULE.

                    Laisse donc la lame en le fourreau,
Les peuples sous le faix, et les rois sur les trônes,
Puisque les foules ont le respect des couronnes,
Qu'elles en ont le culte, et veulent ces fardeaux
Odieux sur la peau sanglante de leur dos.

STRADON.

                    Il le faut, et j'irai.

L'AÏEULE.

                    Fils ingrat, toi qui railles
Ma douleur, es-tu bien le fruit de mes entrailles ?
Es-tu mon fils, enfin ? Et m'est-il bien permis
De te vouloir à moi ?

STRADON.

Mère, je suis soumis.
Pourtant, je ne puis pas. Le devoir me réclame.
Il faut.

L'AÏEULE.

L'étrange amour que ce fils a dans l'âme !

STRADON.

J'en souffre, mais il faut, il faut !

L'AÏEULE.

O l'entêté !

STRADON, *tombant à genoux devant sa mère.*

Au nom de la Justice et de l'Humanité,
Laissez-moi m'en aller où mon devoir m'appelle.
Ah ! je ne fus jamais pour vous un fils rebelle,
Et vous savez assez de quel amour fervent
Je vous aimai toujours, ma mère, en vous servant.
Mais il faut que je marche, et ma peine est profonde.
Il faut.

L'AÏEULE.

Je ne crois pas.

MARCELLE.

Il appartient au monde !

L'AÏEULE.

Il appartient surtout à sa mère, ce fils !

STRADON.

Ma mère, dites-moi si jamais je vous fis
La plus légère injure ? Oh ! non, n'est-ce pas, dites ?
Mais je suis de ceux-là, de ces âmes maudites,

Dont atteindre au mieux est la seule ambition,
Qui croient à leur vertu comme à leur mission,
Que les destins cruels entraînent dans leurs fleuves
Et qui roulent sans fin d'épreuves en épreuves.
Ma mère, vous m'avez bercé, chéri ; jadis,
Lorsque vous dirigiez mes pas mal enhardis,
Vous guettiez sur mon front ma pensée éveillée,
Cherchant dans ma prunelle au jour émerveillée
Mon esprit indécis, mais déjà vagissant.
Plus tard, vous le suiviez, cet esprit bondissant
Qui montait, un par un, dans un cri de victoire,
Les degrés rayonnants du temple de la gloire.

L'AÏEULE.

Oui, Michel.

STRADON.

            Je venais, jetais sur vos genoux
Mes lauriers en criant : Tout cela, c'est pour vous.
Et vous en étiez fière, ô ma mère ! Etonnée,
Vous laissiez accomplir au fils sa destinée.

L'AÏEULE.

Oui, c'est vrai.

STRADON.

            Mais un jour — les hommes sont changeants. —
Au lieu de mots d'amour, j'eus des mots outrageants.
La foule me cria : « Je te hais, je te nie !
Je ne crois plus en toi, Stradon, en ton génie,
Je ne te comprends plus ! » Comme j'avais en moi
La conscience sûre et ferme, sans émoi,
J'ai persisté, luttant pour elle, en dépit d'elle.
Je suis resté depuis à ma tâche fidèle.
Mère, je continue.

L'AÏEULE.

            Oh ! tu sais si je crois
En ta sincérité.

STRADON.

Je lutte pour les droits.

L'AÏEULE.

Tu vas à la défaite.

STRADON.

O ma mère, qu'importe,
Si je fais ce qu'il faut !

L'AÏEULE.

L'héroïsme t'emporte.
Mon cœur saigne.

STRADON.

Laissez partir le fils vengeur.

L'AÏEULE.

Mais pourras-tu frapper, toi, Stradon, le songeur,
Qui te détournerais, doux passant, de ta route,
Pour ne pas écraser des fourmis ?

STRADON.

Oui.

L'AÏEULE.

J'en doute.

STRADON.

Je frapperai, j'en jure, au nom de tous ; bénis
Ton fils qui va partir pour la mort. Je punis,
Je suis sacré.

L'AÏEULE.

Dis-moi, ne sens-tu pas dans l'âme
Une crainte ? Ta main tiendra bien mal la lame,
Car elle a trop porté la lyre pour savoir
Brandir le fer mortel, même au nom du devoir.

T'es-tu dit que pouvait échouer ta manœuvre,
Toi seul être frappé ?

MARCELLE.

J'achèverais son œuvre.

L'AÏEULE.

O ma fille !

MARCELLE.

Oui. Que pèse un peu de sang humain
Sur l'Humanité forte en marche vers Demain.
L'Humanité faisant sa féconde semaille
A droit à ses martyrs.

L'AÏEULE.

O Marcelle !

MARCELLE.

Qu'il aille !

L'AÏEULE.

Hélas !

STRADON.

Je vais.

L'AÏEULE.

Hélas !

STRADON.

De grâce, un mot jeté
Par vous.

L'AÏEULE, *étendant la main sur le front de Stradon,
dans un désespoir.*

Pour la Justice et pour l'Humanité !

LA RENCONTRE

———

Dans le palais d'Alexis Verga, dictateur. Cabinet de travail. Immense table à gauche, oblongue et parallèle à la cheminée. Autour, du côté du mur, différents fauteuils, dont l'un, au milieu, plus grand. Sur la table, quantité de papiers, de livres et des écritoires. Sur la cheminée, le buste de Verga, en terre cuite, se réflétant dans la glace monumentale. A droite, au premier plan, large canapé. Différents petits meubles de diverses époques, un peu dans une confusion. Deux entrées à droite, dont l'une masquée par une tenture rouge et or. Au fond, fenêtre ouvrant sur balcon. Doubles rideaux velours grenat. Fauteuils, canapés et chaises cuir grenat. Or aux rideaux, garnitures de cuivre repoussé aux meubles.

SCÈNE Iʳᵉ.

VERGA, LAPALUE, LACAN, MACARIO (*ministres*).

Les trois ministres apparaissent à la porte de droite. Verga est assis négligemment sur le canapé.

VERGA.

Entrez, messieurs.

(*Les trois ministres s'inclinent*).

Bonjour, messeigneurs mes ministres.

LES MINISTRES.

Excellence.

VERGA.

Messieurs, vous me semblez sinistres,
Aujourd'hui. Quels soucis vous obsèdent?

LAPALUE.

Ils sont
Nombreux.

LACAN.

Pesants.

VERGA.

Ah ! ah !

MACARIO.

Mêmes troublants.

VERGA.

Chanson!
Chanson, chanson, messieurs ; j'en connais la musique.

(*Il leur montre les fauteuils vers la table*).

Asseyez-vous.

(*Les ministres s'assoient et posent leurs portefeuilles
sur la table*).

Je lis ta peur dans ton physique
De trembleur, Lapalue.

LAPALUE.

Excellence.

VERGA.

Il est gai,
Ton corps ratatiné de vieux coq.

LAPALUE.

Fatigué,
Excellence.

VERGA.

Videz vos maroquins, ces antres
Qui cachent, dangereux, tant d'énigme en leurs ventres,
Qu'on vous voit, ô messieurs, d'angoisse anéantis.
Ouvrez-les et laissez s'évader leurs petits.
Le tien d'abord; Lacan.

(Lacan tire les paperasses de son maroquin).

LACAN.

L'Angleterre nous gêne
En Afrique.

VERGA.

Je sais.

LACAN.

Bien plus que l'indigène,
Qui, cependant, s'agite, ameutant sur le Nil
Ses peuples, comme autant de chiens hors du chenil.
L'émir que vous savez est menaçant.

VERGA.

Ce nègre ?

LACAN.

Oui, maître.

VERGA.

Ah ? Notre vin là-bas sent le vinaigre,
Il est temps de le boire. Agissez.

LACAN.

Je voudrais
Vingt mille hommes.

VERGA.

Prenez-en trente mille. Après?

LACAN.

Je crains que l'Orient bientôt ne nous échappe.
Il se révolte.

VERGA.

Peuh !

LACAN.

Karitac, ce satrape,
Qui passe pour le fils des dieux...

VERGA.

C'est immoral.

LACAN.

Est tout puissant. Il peut nous jeter sur l'Oural,
D'un jour à l'autre, mer soumise à sa personne,
Un demi-million d'hommes.

VERGA.

Qu'on l'empoisonne.

LACAN.

C'est délicat.

VERGA.

Eh ! non. On voit tous les matins
Des hommes bien portants mourir. Leurs intestins
Cachaient la mort. Et c'est une fin très vulgaire.

LACAN.

L'Europe est mécontente.

VERGA.

Ah ! Alors ?

LACAN.

                    C'est la guerre,
Si vous ne cédez pas.

VERGA.

          C'est un ultimatum
Qu'on me pose?

LACAN.

      Cédez.

VERGA.

        Pas plus que le Fatum.

LACAN.

Mais...

VERGA.

      Quand Verga sourit, tout le monde doit rire.
Que l'Europe le sache et veuille bien l'inscrire.
Dites-lui.

LACAN.

      Le danger...

VERGA.

        Fait peur aux seuls poltrons.

LACAN.

Conflit inévitable alors.

VERGA.

                Nous nous battrons.
Les guerres, voyez-vous, sont de bonnes saignées,
Messieurs. Les nations sont si mal enseignées
Par d'aucuns, qu'il faut bien, d'un soin compatissant,
Les calmer en tirant quelques pintes de sang.
C'est la vieille méthode, et j'y tiens, elle est sage.

LACAN.

La situation est critique et présage
Un avenir très sombre.

VERGA.

Ah! le plaisant rieur,
Mais macabre.

LACAN.

Excellence.

VERGA, *à Lapalue*.

Et à l'intérieur,
Lapalue?

LAPALUE.

Eh! bien…

VERGA.

Quoi?

LAPALUE.

Le commerce est malade.

VERGA.

Je connais ce refrain très mauvais de ballade.
J'ai chez moi mon Sultan souffreteux, le butor !

LAPALUE.

Il se meurt, Excellence, il se meurt.

VERGA.

Il a tort.
Le commerce n'est pas un gosse à la mamelle,
Qu'on nourrit de douceurs et de lait de chamelle.
Je t'ai fait médecin, soigne-le, sans repos,
S'il le faut.

LAPALUE.

Je n'y puis rien. Il a trop d'impôts
Sur lui.

Verga.

Pardieu, dis-moi que mon trésor le tue.
Qu'il lutte.

Lapalue.

Il n'en peut mais.

Verga.

Tant pis ! qu'il s'habitue.
Après ?

Lapalue.

Le pape...

Verga.

Hein ?

Lapalue.

Vous déclare un peu froid.

Verga.

Le pape m'ennuie.

Lapalue.

Ah ?

Verga.

Oui, c'est un crâne étroit
Que ce pape.

Lapalue.

Il est fort.

Verga.

Qu'il reste, ton pontife,
Dans son Vatican morne, idole qu'on attife
De sa tiare à trois couronnes.

Lapalue.

Et pourtant..,

VERGA.

Qu'il me fiche la paix.

LAPALUE.

Le peuple est mécontent.

VERGA.

Tu te trompes.

LAPALUE.

Non pas, il vous chansonne.

VERGA.

Diantre
Je sais ce qu'il lui faut à ce peuple à plat ventre :
De la gloire au dehors et le droit de chanter.
Tout va bien.

LAPALUE.

J'aime peu...

VERGA.

Laisse faire. Mater
Une bouche qui raille est par trop ridicule.
Puisque le peuple chante, il paiera. Va, calcule
A raison d'un impôt par couplet. C'est parfait.

(*Une pause*).
Mais l'opposition se remue ?

LAPALUE.

En effet.
Toujours les entêtés républicains...

VERGA.

Encore
Cette engeance.

LAPALUE.

Brisez-les.

VERGA.

Non. Qu'on les décore. .
Jette-leur des rubans comme s'il en pleuvait.
Il faut les rallier.

LAPALUE.

Certes, si l'on pouvait...

VERGA.

On le peut. C'est avec des rubans que l'on mène
A l'attache ces fiers bergers de foule humaine.
Tu feras commandeurs ceux qui sont chevaliers.
Décore.

LAPALUE.

Vous avez des moyens singuliers
De combattre.

VERGA.

Ce sont les bons. Mais continue.
Après? Le monde entier tremble quand j'éternue,
Se demandant, de peur ou d'angoisse frappé,
Si j'ai le ventre libre ou si l'ai constipé.
Car son destin, c'est moi, moi, pensif, qui soulève
Le poids d'un univers sur la pointe d'un glaive.

LAPALUE.

Vous êtes en danger, Excellence.

VERGA.

Allons donc !

LAPALUE.

On parle d'un complot anarchiste. Stradon
Est hors du bagne.

VERGA.

Baste ! Un rêveur, utopiste
Au songe creux,

LAPALUE.

Austère et dur comme un trappiste,
Face d'airain. Cet homme agira.

VERGA.

Gardez-moi,
Pardieu, si vous avez dans l'âme tant d'effroi.

LAPALUE.

C'est qu'on a tant coupé de têtes, Excellence,
Que le peuple est lassé de cette violence.
La terreur jusqu'alors l'a tenu, mais j'ai peur
Qu'il ne sorte un matin de sa lourde torpeur,
Car ceux qu'on a frappés, dont il a le vertige,
Ce sont ses fils.

VERGA.

Frappez.

LAPALUE.

Ses fils !

VERGA.

Frappez, vous dis-je.
Les glaives, Lapalue, ont l'horreur du fourreau,
Et ce n'est pas pour rien que je paye un bourreau.

LAPALUE.

Soit.

VERGA.

Et vous, Macario, que fait votre justice ?

MACARIO.

Elle est d'une équité...

VERGA.

Douteuse, un peu factice ?
Très bien.

MACARIO.

Mais le jury me donne bien du mal.

VERGA.

Je le supprimerai, ce rouage anormal.
Qu'on applique les lois d'une façon sévère.
Frappez. Que le pouvoir soit le dieu qu'on révère.
Qu'on nous craigne, il le faut. Frappez les révoltés,
Frappez tous les rêveurs qui parlent, entêtés,
A la foule béate, et dont la voix proteste.
Car le pouvoir n'est plus, si quelqu'un le conteste.
Soyez ferme.

MACARIO.

C'est bien ; j'appliquerai les lois.

VERGA.

Durement.

MACARIO.

Ecrivains, acteurs de tous emplois,
Dramaturges, penseurs de toutes esthétiques,
Poétereaux prenant des accents prophétiques,
Auront comme lisière auguste le désir
De votre Excellence.

VERGA.

Oui, tel est mon bon plaisir.

MACARIO.

La censure y saura veiller. Aujourd'hui même,
Je vais faire interdire une actrice, bohème
De l'art, qui, fatigante en ses cris excessifs,
Obsède les tympans de refrains subversifs.

VERGA, *troublé.*

Cette femme se nomme ?

5.

MACARIO, *cherchant.*

       Heu !... cette sybilline
Anarchiste se fait appeler... Marceline.

VERGA.

Ah ?... Il est bon, avant d'appliquer vos arrêts,
De trier vos sujets, et de n'agir qu'après
Un choix minutieux dont le soin me regarde.
Ne frappez pas à tort, messire ; prenez garde.

MACARIO.

J'ai compris, Excellence.

VERGA.

       Un mot encor, messieurs.
Votre presse, par contre, a des audacieux
Qui parlent un peu haut, que le peuple consulte
Beaucoup trop. Et je trouve en ce fait une insulte.

LACAN.

La presse paraît souple...

VERGA.

       Oui-dà, que faudrait-il ?
Vous avez, cher ministre, un esprit bien subtil.

LACAN.

Cependant, Excellence...

VERGA.

       Oh ! je ne veux débattre
Avec votre esprit qui fend les cheveux en quatre.
Le grief n'est pas grand, pourtant il me suffit.
Un bon journaliste est un petit saint, confit
Dans un amour profond de ma personne auguste,
A d'autres ! Tous n'ont pas ce sentiment robuste ;
Mais vous en emplirez leurs cœurs irrésolus,
Car je l'exige. Allez. Je ne vous retiens plus,
Messieurs.

(Les trois ministres, s'inclinant profondément, sortent.)

SCÈNE 11.

VERGA, puis CAROLINE.

VERGA, *seul, regardant les ministres sortir.*

Les plats valets, sans pudeur, sans vergogne,
Serviles. Je les tiens, prêts à toute besogne,
Chacals âpres au gain, vils, sans rébellion,
Passifs, et se gorgeant au repas du lion.
Je les méprise.

*(Caroline entre à droite et met sa main sur l'épaule
de Verga qui semble rêver).*

CAROLINE.

A quoi songes-tu donc ?

VERGA.

Je songe
Que l'homme est bien petit sous son masque à mensonge,
Et j'en suis écœuré par instant.

CAROLINE.

Tu t'aigris,
Et les soucis t'ont mis aux tempes des fils gris.

VERGA.

Précoce neige pour mes tempes ennoblies.

CAROLINE.

Toujours rêveur.

VERGA.

Le poids du pouvoir.

CAROLINE.

Tu m'oublies,

VERGA.

Femme, ton égoïsme amer et féminin
T'empoisonne le cœur comme un subtil venin.
Je t'oublie ! Eh ! pardieu, penses-tu, Caroline,
Que le poids du pouvoir sous qui mon front incline
Lourdement, écrasé par ce monstrueux faix,
N'est pour rien dans ma vie ?

CAROLINE.

                    Hélas ! ce que tu fais,
Tu le fis autrefois, sans prendre la figure
D'une rigidité fatidique d'augure.
Tu ne me fuyais pas, alors.

VERGA.

                    Je ne fuis pas.

CAROLINE.

Je vieillis, je le sais, et mes maigres appas
Font pitié, sans nul doute, au dictateur superbe.

VERGA.

Tu déraisonnes.

CAROLINE.

    Non.

VERGA.

            Mais ton langage acerbe
Peut me chasser, mordant comme un taon sur la peau.

CAROLINE.

Comme tu chasses, toi, les hommes en troupeau,
Sur la route où leur foule obscure s'achemine.

VERGA,

Tu m'obsèdes,

CAROLINE.

      Avoir rêvé pour lui l'hermine,
La pourpre des césars et le sceptre romain.

VERGA.

Ajoute : et m'avoir mis le monde dans la main ;
Tu plaisantes, ma femme.

CAROLINE.

            Oh ! va, raille, renie.
Mais je fus ton ressort et ton fatal génie,
Je fus ta volonté, Verga.

VERGA, *riant.*

        Tu m'as pétri.

CAROLINE.

Non, j'ai veillé sur toi d'un regard attendri,
Soignant ta gloire, et c'est, dans mon amour extrême,
Elle que je défends aujourd'hui, c'est toi-même
Que je défends de toi.

VERGA.

        C'est absurde, sais-tu,
Ce que tu dis.

CAROLINE.

        Je suis ta force et ta vertu,
Je suis celle qui veille et qui pour toi regarde.

VERGA.

A quoi bon ?

CAROLINE.

        Qui te dis, Verga, de prendre garde,
Que pour régner, il faut être fort et serein,
Avoir l'âme de bronze, avoir le cœur d'airain,
Que rien n'est si fragile et bâti sur la boue
Qu'un trône que la main d'une femme secoue.

VERGA.

Je ne te comprends plus.

CAROLINE.

Tu me comprends.

VERGA.

Combien !

CAROLINE.

Que tu ne m'aimes plus, soit! je t'aime, et c'est bien.
Après t'avoir servi dix ans, mon amour reste,
Et je puis l'immoler à tes pieds, sur un geste.
Moi, je ne compte pas, avec mon être où gît
Tout ton passé. Non. Mais, c'est de toi qu'il s'agit.
Alexis, je te sais amoureux d'une femme.

VERGA, *violemment.*

Vous rêvez !

CAROLINE.

Je le sais. Pauvre folle qu'affame
Un éternel besoin de dévouement, qui suis
Ton ombre pas à pas, les jours, les soirs, les nuits,
Qui t'observe et t'épie, hélas ! jamais lassée,
J'ai compris le tourment dont souffre ta pensée ;
Et tes yeux sont pleins d'elle, ô Verga ! Malheureux,
Tu murmures son nom dans ton sommeil fiévreux.

VERGA.

Quoi ? comment? vous avez?...

CAROLINE.

Ne sois pas si farouche,
Je t'aime.

VERGA.

Étrangement,

CAROLINE.

J'ai guetté sur ta bouche
Le nom de cette femme, épiant, attendant
Le cri de ta douleur intime...

VERGA.

Ah !

CAROLINE.

Imprudent !

Et maintenant, je l'ai.

VERGA.

Non !...

CAROLINE.

Je suis ta gardienne,
C'était mon droit.

VERGA.

C'est fou !

CAROLINE.

Cette comédienne,
Dont la beauté maudite a pris ton cœur troublé,
Dont les longs cheveux ont le teint fauve du blé,
Dont la voix est de cuivre aux accents de trompette,
Tu l'exileras.

VERGA.

Non ! c'est fou !

CAROLINE.

Je te répète
Que cette Marceline attaque ton pouvoir,
Et qu'elle est libertaire.

VERGA.

. Eh ! non.

CAROLINE.

                Que ton devoir,
A toi, dur conducteur de foule, à toi, qui courbe
Sous la poigne de fer l'inconsciente tourbe,
Est de fermer sa bouche où les vers éclatants
Sonnent tels des appels au peuple, tu m'entends ;
Qu'elle vient d'on ne sait quel pays, apportée
Par on ne sait quel vent de révolte entêtée,
Qu'il faut qu'elle reprenne, ou de force, ou de gré,
Le chemin de l'exil que je désignerai,
Cela pour ton repos, pour ta force, et ta gloire.

VERGA.

Je ne remporte pas une telle victoire,
Madame.

CAROLINE.

        Oh ! cet amour ! Mais tu l'aimes donc tant,
Cette femme ?

VERGA.

        C'est bien, car je trouve insultant
D'être morigéné de cette façon sotte.
Vous abusez.

CAROLINE.

        Piteux et fragile despote.

VERGA.

Madame !...

CAROLINE.

        Faux César, fantôme de Timour,
Conquérant de donzelle et lévite d'amour !

VERGA.

Madame !...

CAROLINE.

Jouvenceau, beau conteur de fleurette,
Qui vas jouer ta gloire au prix d'une amourette.

VERGA.

C'en est trop. Vous mettez un fol entêtement
A m'irriter. Assez, finissons-en.

CAROLINE.

Vraiment?

VERGA.

J'ai bien trop supporté déjà vos balivernes.

CAROLINE.

Oui-dà? J'admire avec quel talent tu gouvernes.
Tes auteurs en feront avec leur esprit droit
Du théâtre risible à pleurer.

VERGA, sèchement.

C'est leur droit.

CAROLINE.

Tu leur contestes bien, à raison.

VERGA.

Tu divagues.

CAROLINE.

Tes desseins sont profonds, mais ils sont un peu vagues.
On te trouve trop faible et par trop amolli,
Et tu me parais prendre un trône pour un lit,
Pour y dormir et pour y rêver d'aventures
D'amour. Tu songes moins aux victoires futures
De ton peuple qu'aux nuits que tu désires.

VERGA.

                                            Quand
Vous aurez terminé ce discours éloquent,
Je vous prierai d'en faire un autre à mes ministres ;
Vous les étonnerez, bien sûr.

CAROLINE.

                        Ce sont des cuistres,
Très vils, n'ayant pas plus dans leurs cerveaux ingrats
De pensers orgueilleux que d'énergie au bras,
Bons pour t'encourager dans la mollesse infâme
Qui met à la merci de la première femme.

VERGA.

Ces ministres sont bons parce qu'ils sont les miens.

CAROLINE.

Je t'en supplie, assez raillé. Je te soutiens,
Verga, je te soutiens que tu cours à la chute.

VERGA.

Démence !

CAROLINE.

            Tu n'as plus de force pour la lutte.
Les hommes comme toi, vois-tu, fiers et hautains,
Doivent marcher toujours, toujours, à pas certains,
Car l'immobilité les rouille, et l'amour veule
Met dans leurs rudes cœurs des faiblesses d'aïeule.
Ils ne doivent aimer qu'eux seuls et le pouvoir.
Avec ton front chenu déjà, tu dois n'avoir
Pour compagnes, Verga, de tes marches pensives,
Que deux formes, plutôt deux ombres, très passives,
La femme qui te sert, la gloire qui te suit.

VERGA.

La gloire et toi ?

CAROLINE.

Verga, tout est-il donc détruit
Du passé dans ton cœur, que tu veux, quand je crie
De douleur, m'écraser par une raillerie ?

VERGA.

Eh ! je ne comprends pas aussi vos sentiments
Qui vous font m'accuser...

CAROLINE.

Verga !

VERGA.

C'est faux !

CAROLINE.

Tu mens !

(*A ce moment, un huissier entre pour annoncer. Verga comprend, l'arrête d'un geste, puis, après une hésitation*).

VERGA.

Introduis.

(*A Caroline, qui semble étonnée*)

J'attendais.

(*Marceline (Marcelle) entre. L'huissier sort*)

SCÈNE III.

LES MÊMES, MARCELLE.

CAROLINE, *sourdement.*

Elle ! elle !

(*Marcelle s'incline profondément*).

MARCELLE.

Excellence.

CAROLINE, *derrière Verga.*

Elle !
Tu vois bien que tu mens !

VERGA, *à Caroline.*

Tais-toi !

(*A Marcelle*).

Mademoiselle,
J'ai pour votre talent une admiration
Très grande. Vous avez dans votre diction
Je ne sais quoi qui prend et remue.

MARCELLE, *s'inclinant.*

Excellence.

VERGA.

Et j'aime votre fougue et votre violence,
Qui donnent, en enflant le large alexandrin,
Aux hémistiches durs l'ampleur d'ailes d'airain..

MARCELLE.

Je suis extrêmement flattée, un peu confuse.

VERGA.

Que diriez-vous d'un brin de ruban ?

MARCELLE, *vivement*

Je refuse
N'importe quel honneur.

VERGA.

Comment?

MARCELLE.

                    Je ne vois rien
Qui motive chez moi votre croix.

VERGA.

                    Ah!... C'est bien
Nous en reparlerons. Car je vous ai mandée
Pour parler d'autre chose aujourd'hui. J'ai l'idée
De vous ouvrir le Théâtre National.

MARCELLE.

Pourquoi?

VERGA.

          Votre talent n'est pas assez banal
Pour qu'on le laisse errer, sans gîte, à l'aventure.

MARCELLE.

Il a pour lui l'espace, et le ciel pour toiture.
Celui-ci pour abri, l'autre pour s'envoler.

VERGA.

Il est trop précieux pour qu'on le laisse aller.
Je protège les arts, recherche le génie,
Mon amour pour eux va....

MARCELLE.

               Jusqu'à la tyrannie?

VERGA.

Vous avez un caustique esprit. Je sourirai
Du dard que vous avez si joliment tiré,
Car je suis quelque peu despote débonnaire.

MARCELLE.

On le dit, Excellence.

CAROLINE.

Il l'est à l'ordinaire,
Mais aujourd'hui surtout.

VERGA.

(*à Caroline*).

Merci, madame.

(*à Marcelle*).

Enfin,
Mon poète attitré, Paul Veyrence, esprit fin,
Délicat, mais aussi d'une vaste envergure,
A fait plus d'un chef-d'œuvre.

MARCELLE.

Hélas !

VERGA.

Je me figure
Que l'on pourrait très bien trouver pour un début...

MARCELLE.

Non, merci.

VERGA.

Vous doutez ?

MARCELLE.

Il est un peu fourbu,
Votre poète.

CAROLINE.

Elle est très tendre.

MARCELLE.

Il a le souffle
D'un pégase poussif et l'âme d'un maroufle.

VERGA.

Mais cependant, madame...

MARCELLE.

                    Excellence, je sai
Que mon langage est rude.

CAROLINE.

                    Et même déplacé.

(à Verga).

Quoi ? vous souffrez cela ?

VERGA, à Caroline.

Pitié !

MARCELLE.

                    Je m'en excuse,
Et je m'explique mieux. Excellence, j'accuse
Veyrence, simplement, d'être un mauvais rimeur,
Qui n'a pas fait un vers digne de la clameur
D'une bouche en public.

VERGA.

C'est faux.

MARCELLE.

                    Je vous affirme
Qu'il me laisse très froid,

(à part).

                    votre poète infirme.

VERGA.

Je n'en crois rien. Veyrence est lyrique, a l'ampleur,
Va du plaisant au grave et va du rire au pleur,
C'est un monde.

MARCELLE.

Pourtant...

VERGA.

Tentez l'un de ses rôles.

MARCELLE.

Je ne sais prononcer de semblables paroles.
Le peuple sifflerait.

VERGA.

Vous siffler?

MARCELLE.

Pourquoi pas?
Il sifflerait l'auteur, voilà tout. Dans ce cas,
Je ne m'en sentirais pas autrement vexée.

VERGA.

Mais enfin!...

MARCELLE.

Il me faut un rôle de pensée
Comme n'en écrit pas Veyrence.

VERGA.

Cependant,
Vous déclamez quelqu'un!

MARCELLE.

Quelqu'un de plus ardent,
Un poète inconnu.

VERGA.

Très grand?

MARCELLE.

Très grand.

VERGA.

Qu'on nomme?

MARCELLE.

On ignore son nom.

VERGA.

Etrange.

MARCELLE.

C'est un homme
Qui fuit la renommée et ne signe jamais.

VERGA.

Et vous tenez à lui?

MARCELLE.

J'y tiens.

VERGA.

Je me soumets.
Vous l'aurez; mais, du moins, faites-nous le connaître,
Par une œuvre. On verra si vous flattez.

MARCELLE.

Peut-être.

(*réfléchissant*)
Que puis-je déclamer?... je ne sais trop.

VERGA.

Allez.

6

MARCELLE.

J'hésite. Ses vers sont altiers.

VERGA.

Soit. Dites-les ;
Car tous les vers sont beaux, sortant de votre bouche.

MARCELLE.

Une ballade ?

VERGA.

Soit.

MARCELLE.

Elle est... un peu... farouche.

MARCELLE, *déclamant.*

La terreur des hauteurs descend,
Tombant froidement des épées,
Sur les humanités qu'on sent
Pensives et tout occupées
Des rudes et fauves lippées
De pouvoirs au tragique accent.
C'est, sous le ciel incandescent,
La moisson des têtes coupées.

CAROLINE.

Elle est un peu farouche, en effet.

VERGA.

Poursuivez.

MARCELLE.

Le fer frappe, la loi consent,
Et les consciences pipées
Abdiquent, se racornissant,
D'une fausse pudeur drapées,

Car sont par le couteau happées
Les têtes parlant et pensant.
C'est, sous le ciel incandescent,
La moisson des têtes coupées.

CAROLINE.

C'est fou !

VERGA.

Dites toujours ces vers ; vous les vivez.

MARCELLE.

Sur le rêveur, obscur passant,
Ameutez les foules dupées
Et beuglez tous : Finissons-en !
On vous fera des épopées ;
Mais malgré les têtes frappées,
On en tue un, il en naît cent !
C'est, sous le ciel incandescent,
La moisson des têtes coupées.

ENVOI.

Princes des pourpres usurpées,
Viendra l'avenir qu'on pressent !
Et que vous étouffe le sang !
C'est, sous le ciel incandescent,
La moisson des têtes coupées.

CAROLINE, *se levant violemment.*

Quoi ? Verga, vous souffrez que l'on vienne, ici même,
Vous flageller avec les strophes d'un poème
Dont les vers sont autant de fouets sur votre peau ?

VERGA.

Vous riez ?

CAROLINE.

Vous ouvrez des yeux morts de crapaud
Étonné, sur qui passe un souffle de bourrasque.

VERGA.

La bourrasque, c'est vous, et vos cris de tarasque.

CAROLINE.

C'en est trop, et je suis plaisante, en vérité,
De m'en plaindre. Tyran? ah! ah! on l'a flatté,
Corps faible qu'à vouloir plus viril je m'obstine.

VERGA.

Effort vain.

CAROLINE.

Je vous laisse à votre cabotine !

(Caroline sort).

SCÈNE IV.

VERGA, MARCELLE.

MARCELLE.

Ma ballade a fait peur.

VERGA.

Les vers en sont très durs,
Pénibles, cahotés, et je les trouve obscurs.
Je ne vois pas très bien ce que l'auteur veut dire.

MARCELLE.

Oui-dà ?

VERGA.

S'il fait toujours ainsi, je puis prédire
Que la foule sera dure comme ses vers.

MARCELLE.

La foule le comprend.

VERGA.

J'en doute.

MARCELLE.

                    Des divers
Poètes de son temps, aucun n'a sa furie
Ni son cri de révolte amer.

VERGA.

                    Bouche fleurie,
Vous feriez de ses vers des vers mélodieux,
Mais, près de lui, Veyrence est un chéri des dieux.
Et vous joueriez ?

MARCELLE.

Probablement « la Fin d'un Règne ».

VERGA.

Comment ?

MARCELLE.

            Un drame altier que le sublime imprègne,
Où, dans un long fracas, les personnages sont
Des démiurges mettant le tonnerre en chanson.

VERGA.

Je sais ! de la révolte en des pathos stupides,
Et des vers ampoulés très loin d'être limpides.

MARCELLE.

Nullement.

6*

VERGA.

Je connais le procédé. Stradon,
Agréable à toucher comme quelque chardon,
Le poète mort jeune, en a laissé le moule,
De ces vers disloqués qui font hurler la foule.

MARCELLE.

L'homme dont vous parlez?

VERGA.

Un homme absurde.

MARCELLE.

Ah?

VERGA.

Oui.
Mais le grand malheur est que cet homme ébloui
De son rêve idiot a laissé des adeptes,
Qui pensent, font à sa façon des vers ineptes.
Votre poète est un de ceux-là. Je ne peux
L'accepter. Je préfère...

MARCELLE.

Un Veyrence adipeux.

VERGA.

Vous abusez, madame.

MARCELLE, *faisant un pas vers la porte.*

Alors, je me retire.

VERGA

Voyons, trouvez-moi mieux qu'une pièce satire.
Je ne puis pourtant pas, impassible, écouter
Les calembours que fait l'auteur pour m'éreinter,
Et très niaisement sourire dans ma loge,
Trouvez autre chose.

MARCELLE.

Ah !... vous préférez l'éloge ?

VERGA.

Eh ! non ; n'importe quoi ; faites-moi ce plaisir.
Je n'impose rien.

MARCELLE.

Non ; mais vous voulez choisir.

VERGA.

Nullement. Vous savez comme je m'intéresse
A vous. Et je vous suis partout avec tendresse.
Vous déclamez toujours ce qui vous plaît. Jamais
Ma censure n'ouvrit ses deux ciseaux fermés.

MARCELLE.

J'en suis reconnaissante.

VERGA.

            Et mon académie,
Rigide, vous reçoit par mon ordre en amie.
Ne m'attaquez pas trop le jour de vos débuts.

MARCELLE.

Que d'autres, Protecteur, vous versent leurs tributs ;
Mais moi, je suis farouche et je vis solitaire.
Aucun, aucun honneur ne peut me faire taire.

VERGA.

Vous me peinez.

MARCELLE.

            Je suis, dans la foule en rumeur,
La poésie en marche, et je suis sa clameur.
Rien ne peut l'étouffer.

VERGA.

Je n'en ai nulle envie.

(Il veut lui prendre la main. Marcelle se retire).

MARCELLE

Excellence.

VERGA.

Ecoutez. Votre talent dévie
Dans la révolte absurde et qui n'a pas raison.

MARCELLE.

Elle est une sacrée et forte floraison,
La révolte !

(Verga va s'asseoir à la table).

VERGA.

Parlez. Je signe votre entrée.
Une concession très mince et pas tirée
De force.

MARCELLE.

Eh ! non, eh ! non, mais d'un geste normal,
Qui commande.

VERGA.

Non pas. Vous me comprenez mal,
Je crois.

*(A ce moment, Marcelle, qui s'est retirée vers
la fenêtre près de laquelle est une jardinière, prend
une rose et se met, rêveuse, à l'effeuiller en fredonnant.
Et, par instant, elle semble faire signe à quelqu'un au
dehors).*

MARCELLE.

L'amour est passé maître
A nous soumettre.
Il est plus fort
Que l'homme et que la mort.

VERGA, *interrogeant.*

Eh ! bien, madame, eh ! bien ?

MARCELLE.

Mais... je médite.

(Verga cherche du papier dans les cartons et Mar-
celle continue à fredonner).

MARCELLE.

La haine est une goule,
Telle la foule,
Et qui, passant,
Te sucera le sang.

VERGA.

Mais vous chantez, je crois ?

MARCELLE.

Non, je fredonne.

VERGA.

Dite

Tout haut.

MARCELLE, *toujours méditant.*

J'hésite.

VERGA.

Allez. Prononcez-vous. Cédez.

Et chantez.

MARCELLE, *un peu plus haut.*

Le peuple se repose,
Ma rose est rose.
Elle a le teint
D'une peau de satin.

VERGA.

Jolis, ces petits vers saccadés.
Vous acceptez, rêveuse ?

MARCELLE.

Attendez.

VERGA, *complaisant.*

Soit.

MARCELLE.

J'effeuille

Ma rose.

(chantant).

Mais quand le peuple bouge,
Ma rose est rouge ;
Elle a, passant,
La couleur de ton sang !

VERGA.

Un peu tragique, et cette fin s'endeuille.
(interrogeant).

Eh ! bien ?

(Marcelle jette la rose par la fenêtre).

MARCELLE.

C'est impossible,

VERGA, *se dressant.*

Ah !

MARCELLE.

                    Non ; ma liberté
N'est pas à vendre. Et l'or de vos honneurs, jeté
Intarissablement, sans espoir de récolte,
Ne saurait acheter Marceline en révolte.

(Verga se rapproche d'elle).

VERGA.

Ecoutez-moi, car c'est humblement, à genoux,
Que ma puissance, avec douceur, s'adresse à vous.

MARCELLE.

Ne me suppliez pas ! C'est indigne — ou c'est fourbe.

VERGA.

Ecoutez-moi, de grâce.

MARCELLE.

A quoi bon ?

VERGA.

                    Si je courbe
Pourtant, et si je viens, moi, Verga, dictateur,
Le maître que salue un peuple adorateur,
Fléchir mon front hautain qu'aucune force humaine
N'a fait plier ?

MARCELLE.

        Je sais quel sentiment vous mène,
Protecteur.

VERGA, *mettant la main sur son cœur.*

        Je l'ai là. Rien ne peut l'en ôter.
L'autre jour, quand je vins pour vous féliciter,

Lors qu'un peuple en délire acclamait son actrice,
Joyeux, jetant des fleurs à la triomphatrice,
A l'artiste, à la femme auguste, ma ferveur
Apportait le timide hommage de mon cœur.
J'aurais voulu pouvoir vous offrir un empire !

MARCELLE, *à part.*

L'offre d'un empire, ah ! mais d'un amour, c'est pire.
O l'ironie atroce et sombre de l'amour,
Chez l'homme que la haine âpre paye en retour.

(*Haut*).

Ne me rappelez pas, Protecteur, ce scandale.
Le peuple...

VERGA.

Foule esclave et léchant ma sandale.
Si vous aviez compris, si vous aviez voulu !
Oh ! ce rêve d'amour où je m'étais complu,
Et que je ne saurais de mon esprit proscrire !
Oh ! si vous m'aviez fait l'aumône d'un sourire !
Et si vous m'aviez dit seulement : Plus tard ! Si,
Montrant moins de rudesse à l'amoureux transi,
Vous m'aviez seulement consenti l'espérance
D'un demain qui pourrait exaucer, ma souffrance
N'eut pas été le mal implacable, qui mord
Et qui fait sur mon cœur descendre un froid de mort,
Ni l'hydre qui dévore, en mon âme enfermée ;
Mais le noviciat du culte de l'aimée ;
Mais l'attente divine, exquise de l'élu ;
Et dans ce fol espoir mon amour se fut plu.

(*Il s'approche de Marcelle qui recule).*

Restez. Pourquoi ce geste et ce pas qui recule ?
Dites, ne fuyez pas. Je sais, c'est ridicule,
N'est-ce pas, cet amour qui prend un homme ainsi,
Parce qu'on l'a frôlé, que son regard saisi
A vu passer un soir, dans les feux d'un théâtre,
La pure vision dont il est idolâtre.

Mais ce n'est pas, allez, aussi fou qu'on le croit.
Etre aimée est un don pour vous, et c'est un droit
Dont vous voulez user pour faire une victime.

(Marcelle a un geste d'ennui).

Tout ce que je vous dis, Madame, est légitime.
Je souffre, et de douleur tout mon être se fond.
Et c'est un affreux jeu, dont je suis le bouffon,
Que celui par lequel vous torturez, madame.
A tel point qu'on dirait que vous n'avez point d'âme,
Puisqu'on ne vous voit pas seulement la pitié
D'accorder l'humble amour que l'on nomme amitié.

*(Tout en parlant, Verga s'est graduellement incliné ;
à la fin, il a un genou en terre devant Marcelle).*

MARCELLE.

Maître, redressez-vous. Telle est donc la posture
De celui dont la main porte une dictature.
A genoux ! le tyran qui, pâle souverain,
Veut au monde imprimer sa volonté d'airain ;
A genoux ! débitant la banalité tendre ;
A genoux ! Mon amour, monsieur, n'est pas à vendre ;
Je ne suis pas la foule, ou le peuple courbé
Qui lèche les talons après qu'il est tombé.

VERGA.

Je vous supplie.

MARCELLE.

          Eh ! non, non ! Vous m'offrez la honte,
Ce gouffre dont jamais la femme ne remonte.
Moi ? courtisane, moi ! qui par le monde suis
La Vierge fauve allant devant elle, qui suis
L'impulsion profonde et vaste d'une force
Austère !... Mais je ris de la piteuse amorce
De cet amour offert en termes insensés.

VERGA.

Sincère est mon amour ; je vous respecte et sais
La hautaine grandeur de votre âme.

MARCELLE.

                              Ironie !
Vous mettez dans votre offre une grâce infinie,
Etant l'adorateur timide et circonspect ;
Et j'admire vraiment, maître, avec quel respect
Vous venez déposer à mes pieds la tendresse...

VERGA.

Qui vous veut pour idole...

MARCELLE.

                    Ou me veut pour maîtresse !
Oui, cet homme s'est dit ceci : Je suis puissant.
J'ai courbé tant de fronts sous mon poing menaçant
Que je suis demi-dieu. Je puis sous les cieux vastes
Commander et jouir. Les vierges pures, chastes,
Ouvrant à l'idéal d'amour leurs cœurs d'enfants,
Heureuses, doivent choir dans mes bras triomphants.
Et je suis un sultan dont les rêves moroses
Sont égayés souvent par la chair de ces roses.
Souffre, femme à douleurs, bondis, femme à plaisirs,
Esclave de Verga : le maître a des désirs.
Jette-lui ton corps nu, que ta forme prenante
Fasse un tapis moëlleux de ta chair frissonnante.
O honte ! il a rêvé cela ! Cet homme a dit :
J'aurai ce jeune corps dont la chair resplendit,
J'aurai cette poitrine et j'aurai cette lèvre.
Mon amour y viendra boire à sa soif ; ma fièvre
Y désaltérera mon érotisme en rut.
Je prendrai cette aurore, et, de mon poing bourru,
Je pourrai dénouer sa fauve chevelure.
Le baiser de cet homme, horreur ! Oh ! la brûlure
De cette bouche !...

VERGA.

Hélas ! je souffre.

MARCELLE.

                              Vous souffrez ?
Et moi, que vous pensez acheter ? Vous direz
Que je suis une femme inconnue, une fille,

Et que votre grandeur, qui d'un sûr éclat brille,
Lui fit, rien qu'en offrant, sans feinte et sans décor,
L'amour quasi royal, beaucoup d'honneur encor !
Erreur. A vos propos, mettez une sourdine,
Car Marceline n'a rien d'une gourgandine.

VERGA.

Non, je vous affirme...

MARCELLE.

Ah ! si vous saviez mon sang,
Qui devant vous s'insurge, et dont le flot puissant
Peut rouler sa révolte immense dans mes veines,
Vous vous diriez combien vos prières sont vaines,
Et combien vos serments d'amour, d'orgueil enflés,
Frappent ma face altière ainsi que des soufflets !

VERGA.

Mais non, je vous assure encor...

MARCELLE.

Laissez-moi dire.
Je suis une inconnue et je puis vous maudire
Sans que vous compreniez mon courroux, la raison
Qui me fait vous parler ainsi, hors de saison.
Je suis la femme errante en la foule anonyme,
Et cela vous suffit. Quel vertige m'anime ?
Il n'importe !

VERGA.

Il serait, madame, extravagant
De voir dans mes aveux...

MARCELLE.

Plus qu'un flirt élégant
Dont ma sauvagerie à grand tort s'interloque.
Mais je puis, rejetant votre amour, cette loque
Plus informe et fripée avec ses plis d'horreur
Qu'un diadème usé par vingt fronts d'empereur,
Dire qu'un lit n'a pas la pente d'une berge

Où l'on glisse, et qu'enfin mon cœur n'est pas l'auberge
Offrant à tout amour un gîte hospitalier !

*(A ce moment on entend une grande rumeur dans la
maison).*

VERGA.

Quel vacarme.

MARCELLE, *tragique.*

La mort, peut-être, en l'escalier.

VERGA.

Baste !

*(Une poussée violente ouvre la porte, Stradon, éche-
velé, paraît. Marcelle se rejette vers la fenêtre et de-
meure muette durant toute la scène suivante).*

SCÈNE V.

LES MÊMES, STRADON.

VERGA.

Stradon !

STRADON.

Enfin, j'y suis.

VERGA.

Stradon !

STRADON.

Ta meute
M'a poussé comme un cerf jusqu'ici. Qu'on ameute
Cent valets pour chasser un intrus de mon poil,
Chenu, cassé, moitié brigand et moitié noël,
C'est très juste.

VERGA.

Stradon, que viens-tu faire ?

STRADON.

Il raille !

VERGA.

Je ne te comprends pas.

STRADON.

Demande à la muraille,
Elle est peut-être moins perplexe. Si tu veux,
N'usons pas de salive à dire des mots creux.
On me cherche, et je suis pressé.

VERGA.

Je vais te faire

Arrêter, Stradon !

STRADON.

Ah ! quelle plaisante affaire.
Mais je prends les devants. C'est assez discourir.
Comme il fut annoncé, Verga, tu vas mourir.

(Stradon sort un poignard).

VERGA, *cherchant des yeux.*

Pas une arme ! à moi donc !

(Stradon marche sur lui).

STRADON.

Tais-toi ! je fais ma tâche.

VERGA, *sonnant.*

A moi !

STRADON.

Tu vécus vil...

VERGA.

A moi !

STRADON, *frappant.*

Finis en lâche !

ACTE IV.

LE CHOC

———

Intérieur d'une cellule. Au fond, fenêtre étroite avec grillage. — Un lit de sangle à gauche. Un escabeau, attaché au
mur par une chaîne, sous la fenêtre. A droite de l'escabeau,
une table de chêne, très lourde. A terre, un vase de grès contenant de l'eau. L'aube commence à peine à poindre. Il fait
presque nuit encore.

SCÈNE 1re.

STRADON, *seul, puis un geôlier muet.*

*Michel Stradon est assis sur le lit, dans une attitude
méditative et accablée.*

STRADON.

C'est peut-être aujourd'hui la fin. Chaque matin,
Lorsque le jour se glisse ici, pâle, incertain,
Je me sens cette même et lugubre pensée.
Non pas que cette fin m'inquiète. Lassée
De son perpétuel labeur — inachevé
Pourtant ! — ma tête peut rouler sur le pavé.
Je n'en prends nul souci. Je suis vaincu, c'est juste.
C'est simple. La frayeur pas ne me tarabuste.
Et je n'ai, quand je songe à l'infâme couteau,
Qu'un désir en l'esprit : d'en finir au plus tôt.

(Stradon s'arrête, se lève, écoute).

Non, ce n'est rien ; tout est très calme. La machine
N'est pas pour aujourd'hui.

(Il se rassoit).

J'en ai mal à l'échine
De sentir sur mon front cette voûte. On dirait
Etre enterré vivant. Le fatal couperet
Va me sembler une aube un peu crépusculaire,
Dans le reflet de sa lame triangulaire.

(après une pause).

Mourir, quand on a fait son œuvre, c'est très bien,
Et le genre de mort, très quelconque, n'est rien.
Mais mourir sans avoir vaincu ! Cela m'écrase...
Je veux bien m'en aller, sans chicaner, sans phrase,
Simplement. Mais j'emporte en mon cœur le regret
De l'échec, et j'en souffre.

(Une cléf grince dans la serrure).

Ah ? est-ce qu'on viendrait
Me chercher ?

(Un geôlier entre).

Non. Pas encor. Ce n'est que mon cerbère.

*(Stradon se lève. Le geôlier, qui a fermé la porte, va
au lit, le dresse contre le mur et l'y fixe avec une chaîne)*

STRADON.

Tu venais me lever ?

(Le geôlier reste muet).

Tu vois, je délibère,
Seul, et tu viens troubler mon intime conseil.
Tu devances, geôlier, le lever du soleil,
Aujourd'hui. C'est très grave ; et cette anomalie
Me rend songeur.

(Le geôlier, toujours muet, sort).

Adieu, gardien à qui l'on lie
La langue... Cet humain joue un rôle bien beau.

(Il s'assoit sur l'escabeau)

J'espérais aujourd'hui sortir de ce tombeau,
Pour entrer dans l'Autre.

(Il médite).

Ah ! vous aviez raison, mère.
Je suis vaincu. Je tombe, emportant ma chimère.
Nul homme ne viendra s'égarer sur mes pas
Pour la reprendre. Elle est fatale, et le trépas
Est son prix. Pardonnez, ma mère, à ma faiblesse,
Car c'est pour l'idéal que je meurs. Je vous laisse
Sans soutien. Dites-vous, quand je ne serai plus
— Bientôt ! — que du néant dans les ais vermoulus,
Que votre fils a fait son devoir.

(après une pause).

C'est absurde,
Cet échec, et je suis stupide comme un kurde
De n'avoir pas prévu cette anicroche. Il est
Certain que les tyrans se gardent. Il fallait
La candeur d'un Michel Stradon, pour qu'un homme aille
Ebrécher un poignard sur sa cotte de maille.
Ah ! comme il a dû rire ! Et c'était bien, vraiment,
Pour aboutir à ce piteux avortement,
La peine d'avoir fui du bagne, ô vieux poète,
D'avoir tant défendu cette fertile tête
Que le poids du labeur fécond faisait pencher,
Pour voir, finalement, le bourreau la trancher.

(La clef grince à nouveau dans la serrure. Un homme, couvert d'un immense manteau dont les pans sont rejetés sur son épaule, entre).

SCÈNE II.

STRADON, VERGA.

STRADON, *étonné.*

Serait-ce le bourreau ? Qu'il entre donc, s'il cache
Sous son large manteau la lame d'une hache.

Homme qui viens pour moi, sois donc le bienvenu.
(*Stradon se lève*).
VERGA, *se découvrant.*
Merci, Stradon.

STRADON.
Verga !

VERGA.
Oui. Tu m'as reconnu,
Tant mieux.

STRADON.
Ce n'est que toi, je me rassieds.
(*Stradon s'assoit*)
VERGA.
Sans doute.

STRADON.
Je n'ai qu'un siège.

VERGA.
Alors?

STRADON.
Reste debout.
VERGA.
Ecoute.

STRADON.
C'est toi qui comparais, tu peux parler.
VERGA.
Stradon,
J'aurais voulu pouvoir t'accorder le pardon.
STRADON,
Tu plaisantes.

VERGA.

Non pas.

STRADON.

Offre-toi pour ta gloire
Cette tête, Verga. C'est ta grande victoire.

VERGA.

Je le sais.

STRADON.

Bien. Prends-la.

VERGA.

Vois-tu, j'ai réfléchi,
Longtemps.

STRADON.

Tu me surprends.

VERGA.

Couper ton chef blanchi ?
A quoi bon ?

STRADON, *ironique.*

Tu crois ?

VERGA.

Oui.

STRADON.

Je t'ignorais l'étoffe
D'un aussi sympathique et parfait philosophe,
Car tes actes passés...

VERGA.

Je ne suis pas mauvais,
O Stradon, mais il faut que je marche, et je vais !
Est-ce ma faute, à moi, fatal passant que mène
On ne sait quelle force étrange et plus qu'humaine,
Si chacun de mes pas fait trembler l'univers,

J'accomplis mon destin. J'en souffre. Le revers
De ma grandeur, vois-tu, c'est d'être pour l'Histoire
L'homme de sang, et c'est ma peine expiatoire.
Je ne m'appartiens pas, Stradon.

STRADON.

Tu l'as voulu.

VERGA.

Je voudrais être bon.

STRADON.

Trop tard !

VERGA.

Il a fallu
Frapper, malgré moi.

STRADON.

Non. Nulle force n'oblige
A la tâche de sang dont ta grandeur s'afflige.
Tu devais refuser. Je te l'ai dit.

VERGA.

Hélas !

STRADON.

Et si tu vis encor, c'est que mon bras, très las,
Que le temps affaiblit et que l'âge harasse,
N'a pas su découvrir le défaut de cuirasse.
Tu ne dois m'en savoir nul gré. Sois convaincu
Que c'est bien malgré moi que je suis le vaincu.

VERGA.

Je te pardonne.

STRADON.

Ah ! non pas, je refuse.

VERGA.

Ecoute.

STRADON.

Supprime-moi, je suis vaincu.

VERGA.

Non, il m'en coûte.
Car tu n'es pas, Stradon, n'importe qui. Ton front
Est génial.

STRADON.

La mort n'est jamais un affront.
Elle honore au contraire.

VERGA.

Alors, ce qui t'attire
Et te fascine, c'est, orgueilleux, le martyre ?

STRADON.

Non, Verga ; nous étions deux forces, et tu m'as
Vaincu. Je disparais, voilà tout.

VERGA.

Tu semas
Tellement ta parole en le monde.

STRADON.

Elle reste.

VERGA.

Tu m'avais mal compris.

STRADON.

Ton rêve est indigeste,
Le peuple en meurt.

VERGA.

Eh ! non. Le peuple est un enfant
Qui veut un guide, il m'a choisi.

STRADON.

Mais s'en défend.
Il t'a pris malgré lui.

(*On entend en ce moment frapper au dehors sur des pièces de bois*).

STRADON, *écoutant*.

Hein ? quoi ?

VERGA.

La guillotine
Qu'on monte.

STRADON.

Enfin.

VERGA.

Comment?

STRADON.

Oui, certes, je m'obstine.

(*se tournant du côté de la fenêtre*).

Salut !

(*à Verga*).

Tout échafaud est un sommet.

VERGA.

Des mots !

STRADON.

Si tu veux.

VERGA.

Discutons.

STRADON.

A quoi bon ? Sur les maux
Dont ton peuple se meurt ? Tu ne veux rien entendre,
Car le grand mal, c'est toi. Tu le sais, âme tendre,
Et puis, je suis pressé ; ton bourreau va venir,

VERGA.

Oui, les instants sont courts...

STRADON.

Et vont bientôt finir
Pour moi.

VERGA.

Donc, parlons juste. Ecoute.

STRADON.

Sois rapide.

VERGA.

Je serai bref. Stradon, je te sais intrépide.
Tu mourras crânement.

STRADON.

Je l'espère.

VERGA.

Or, ta mort
Me paraît inutile, et j'en ai le remord.

STRADON.

Tu te défends, Verga; c'est ton droit.

VERGA.

Droit bien triste.
Je ne puis pas frapper toujours.

STRADON.

Si l'on persiste
A te combattre, si.

VERGA.

L'on m'accepte.

STRADON,

Allons donc!

VERGA.

Mais, raisonnons un peu. Venons au fait, Stradon.

STRADON.

Soit.

VERGA.

Quoique nous n'ayons pas la même figure,
Nous avons tous les deux une égale envergure.
Tous deux, nous dominons de la même hauteur,
Egaux, toi le poète, et moi, le dictateur.
La foule nous regarde avec la même angoisse,
Toi qui l'instruis, Stradon...

STRADON.

Et Verga, qui la froisse.

VERGA.

Non pas, qui la dirige. Il faut à ce troupeau
Un pilote, quelqu'un pour tenir le drapeau.
Et je suis ce quelqu'un.

STRADON.

Bien, je t'en félicite.

VERGA.

Je suis le nautonier. Mon pouvoir est licite.
Et le peuple le sait, qui m'approuve.

STRADON.

Il a tort.

VERGA.

Il versera sur toi des pleurs d'alligator.
Tu veux mourir pour lui, qui s'en moque. Il te livre
Du même calme dont il achète ton livre.
Il se rit des martyrs, le peuple. Il méconnait
Quiconque dit qu'il est dans les fers, et ce n'est
Qu'aux maîtres forts qu'il va. C'est un fait bien notoire
Que ce sont les tyrans qui gravent son histoire.
Lui n'est rien que la pâte anonyme, qu'on prend
Pour y mouler son rêve obscur ou fulgurant,

STRADON.

Parce qu'il ne sait pas.

VERGA.

Le peuple sait, te dis-je.
Bien conduit, il mettra prodige sur prodige.
On le ferait rouler, flots flexibles et prompts,
D'un pôle à l'autre, ainsi qu'un océan de fronts.
Le peuple est grand.

STRADON.

Qui t'a choisi pour son prophète.

VERGA.

Que ne le chantais-tu, railleur?

STRADON.

Il te fait fête,
C'est pourquoi, je le hais.

VERGA.

Et que ne venais-tu,
Au lieu de t'enfermer dans un mépris têtu,
A moi la main tendue?

STRADON.

A plat comme un ministre?
J'aurais fait une fin d'une gaîté sinistre.

VERGA.

Mais non, tu préféras la lutte. Et maintenant,
J'en suis — triste victoire! — à l'acte surprenant
De trancher cette tête auguste et toute blanche,
Dont les cheveux, pareils aux neiges d'avalanche,
Laisseront dans les doigts noueux de mes bourreaux
De l'idéal et de la gloire de héros!

STRADON.

Et c'est ce qui t'ennuie et qui te déconcerte.
Ah! si j'étais quelqu'un d'obscur, très petit, certe,
Tu ne t'en viendrais pas, ô superbe tyran,

Dans ma prison m'offrir ma grâce en m'implorant.
Mais mon nom t'épouvante, et tu crains, ô merveille !
Que ton peuple soumis enfin ne se réveille,
Indigné, pour venir secouer en hurlant
Les bras tendus au ciel de l'échafaud sanglant.
Car il doit être las, le peuple ! Las ! A force
De le fouetter, les coups ont déchiré l'écorce,
Et la chair est à vif. Il saigne par les reins,
Il saigne par les flancs, le maudit ! Tu le crains.
Verga, je suis son fils. Il sait, bien qu'il me nie,
Que je le sers. Je suis un peu de son génie,
Un peu de son orgueil ou de sa vanité
De par le monde.

VERGA.

　　　　Eh ! non, le peuple t'a quitté,
Il me suit.

STRADON.

　　　　Frappe alors ! si la foule démente
Est à tes pieds, pareille à l'esclave, et cimente
Ton trône avec mon sang. Frappe pour te venger,
Et jette à cette foule une tête à ronger.
Si c'est ta fonction de frapper, eh ! bien, frappe.
Tu peux t'offrir, Verga, ces gaîtés de satrape.
C'est ton droit.

VERGA.

　　　　J'ai celui plus haut de gracier.

STRADON.

Ah ! ne m'insulte pas ! Tu peux supplicier
Mon corps, mais de quel droit ta morgue autoritaire
Veut jeter une grâce absurde à l'homme à terre ?
Finis-moi. Car, vois-tu, si je sortais d'ici
Vivant et libre, ayant reçu ta grâce ainsi
Qu'au visage un soufflet, je reviendrais. Ta perte
Serait sûre. Ma main, à lutter plus experte,
Saurait bien, brandissant le poignard justicier,
Trouver ton cœur, Verga, sous la cotte d'acier.
J'accepte encor la mort ; la grâce ? je refuse,

VERGA.

Mais pourquoi t'entêter...

STRADON.

Pourquoi, tête confuse?
Pour que le peuple voie !

*(A ce moment, on entend chanter au dehors un des
bourreaux qui dressent la machine. Le bruit des mar-
teaux rythme les paroles).*

LA VOIX, *au dehors.*

*Bâtissons l'échafaud
Où le sang coule,
Liqueur rouge qu'il faut
A la foule.*

STRADON.

Ils sont gais, tes valets.
De bourreau.

LA VOIX, *au dehors.*

*Hou ! hou ! frappons
A coups brefs,
Hou ! hou ! frappons
En cadence.
C'est la danse
Des chefs !*

VERGA.

Mais un peu cruels,

STRADON.

Non. Laisse-les
Chanter les vers que j'ai forgés.

VERGA.

Mais l'ironie
Est féroce,

STRADON.

Non ; c'est l'hommage. Le génie
Survit à l'homme.

LA VOIX, *au dehors.*

Pour l'holocauste offert,
Fête prochaine,
Qu'il soit bâti de fer,
Et de chêne.

STRADON.

Il a raison, ce dur chanteur,
Qu'il fasse l'échafaud sinistre à ma hauteur.

LA VOIX, *au dehors.*

Hou ! hou ! frappons
A coups brefs.
Hou ! hou ! frappons
En cadence.
C'est la danse
Des chefs !

(*Les coups de marteau s'arrêtent ; la voix se tait*).

STRADON.

Oui, c'est vrai, c'est la danse infernale des têtes.
Tu la conduis, Verga ; dans tes lugubres fêtes,
Les têtes des vaincus, dont saignent les lambeaux,
Font autour de ton front comme un vol de corbeaux.
La mienne fera bien dans la ronde macabre.
Tu pâlis ? Qu'il est beau de régner par le sabre !
Tu devrais être turc, et ton front de forban
De pouvoir est taillé pour porter le turban.

VERGA.

Tu mets ma patience à bout.

STRADON.

Eh ! que m'importe !
N'as-tu donc pas laissé ton orgueil à la porte,

Quand tu vins pour m'offrir avec des mots confus
Une grâce, certain d'obtenir un refus ?
Si tu ne voulais pas t'humilier, ô maître,
Tu devais t'imposer et non pas te soumettre.
Tu devais gracier sans implorer. Mais non !
Comme Michel Stradon a dans le monde un nom
Sonore, tu t'es dit que ce serait superbe
De t'attacher cet homme à la révolte acerbe ;
Et te vint platement le désir singulier,
Extravagant, d'offrir la vie... et le collier.
Ah ! ah !

VERGA.

Assez, Stradon.

STRADON.

      Ah ! ah ! tu crois qu'on rampe
De peur, et que tu peux aux hommes de ma trempe
Offrir la honte au prix d'une grâce ? Tout beau !
Nous vivons pour un rêve, aussi pour un tombeau ;
Et nous ne sommes pas perdus dans nos grimoires
Au point de ne savoir songer à nos mémoires,
Que nous voulons laisser très pures. Et nos fins
Sont des fins de penseurs, et non pas d'aigrefins,
Et sont, loin des pouvoirs où les hommes s'enlisent,
Comme un enseignement aux foules qui nous lisent.
C'est pourquoi, refusant l'affront que tu voulais,
O Verga, je te dis : Merci ! Que tes valets
Lâches, pontifiant d'une façon plaisante,
La prennent, cette tête, et que leur main présente
Mon impassible masque à ton peuple en rumeur,
Qui saluera ma face en sang d'une clameur.
Ton peuple la connaît. Il aura l'épouvante
De ma tête saignant, peut-être encor vivante,
Qui semblera pleurer, sinistrement, et dont,
Tombant dans la menace et non dans le pardon,
Les pleurs rouges viendront chez les masses aux chaînes
Arroser le ferment des révoltes prochaines !

VERGA.

Alors, tu veux mourir ?

STRADON.

Je le veux.

VERGA.

Tu mourras.

STRADON.

Merci.

(*Verga sort*).

SCÈNE III.

STRADON, seul, puis MARCELLE, puis les BOURREAUX,
muets.

STRADON.

Mourir ! mourir pour les hommes ingrats,
Mais pour un idéal intangible, chimère
Peut-être. Enfin, allons... Pardonnez-moi, ma mère ;
Ma fin sera féconde et mon sang répandu
Pour la sublimité de mon rêve était dû.
Je vis mon rêve au lieu de le mettre en poème.
J'accomplis aujourd'hui le chef-d'œuvre suprême.

(*La clef grince à nouveau dans la serrure. La porte
s'ouvre*).

(*Stradon se retourne*).

Présent.

(*Une femme, la tête voilée, entre. La porte se referme*).

MARCELLE, *se découvrant*.

Mon père !

(*Stradon recule*).

STRADON.

Ici, toi ?

MARCELLE.

Mon père...

STRADON, *inquiet.*

Comment
Te laissa-t-on passer ? Comment ?

MARCELLE, *souriant tristement.*

Mon talisman.

STRADON.

Je ne te comprends plus. Ton silence m'accable ;
Parle.

MARCELLE.

Mon père...

STRADON.

Enfin, c'est très inexplicable.
As-tu donné ton nom, malheureuse ?

MARCELLE.

Non.

STRADON.

Mais
Alors, par quel pouvoir les noirs cachots fermés
S'ouvrent-ils devant toi ? J'ai peur...

MARCELLE.

Ta fille est digne,
Est pure, et n'a rien fait dont un père s'indigne,
Sois tranquille.

STRADON.

Je crois en toi.

MARCELLE.

C'est à raison.

STRADON.

Dis-moi comment se fait que s'ouvre ma prison
Devant toi ?

MARCELLE.

C'est très simple. A Verga qui m'obsède
De son amour sénile, et qui toujours me cède,
J'ai parlé du désir de te voir, comme on va
Visiter l'ennemi que la force entrava,
Dans sa cage. Il a ri, m'appelant curieuse ;
Et son humeur étant bénévole et rieuse
Ce matin, il voulut m'accompagner d'abord.
Je protestai.

STRADON.

Il est venu.

MARCELLE.

Je sais.

STRADON.

La mort
Aussi viendra.

MARCELLE.

Mon père !

STRADON.

Ecoute un peu. La mère
Est vieille ; soutiens-la. Sa vie est bien amère,
En exil, seule ! Va la retrouver. Dis-lui
Que son fils a fini mâlement, qu'ébloui
Par cette vision auguste qui l'emporte,
Il a marché tout droit, et que son âme forte
N'a jamais défailli dans son corps décidé.
(baisant sa fille au front)
Va la trouver, Marcelle, et sur son front ridé,
Mets ce baiser, ma fille.

MARCELLE.

Hélas !

STRADON.

Vis calme et chaste ;
Et garde le cerveau sans culte et le cœur vaste ;
Et porte mieux mon nom que je ne l'ai porté.

MARCELLE.

Tu l'as fait grand, mon père.

STRADON.

Oui, fais-le respecté.
Vis de la saine vie...

MARCELLE.

Hélas !

STRADON.

Eh ! bien ?

MARCELLE.

En butte
A trop d'événements, je préfère la lutte.
Je te continuerai.

STRADON.

Je te défends...

MARCELLE, *secouant la tête.*

Je veux.

STRADON.

Ma fille !...

MARCELLE.

Un souffle obscur passe dans mes cheveux.
C'est peut-être la mort qui vient te prendre.

STRADON.

Laisse
La mort me prendre.

MARCELLE.

O père ! esprit plein de noblesse,
Tu seras par mon bras quelque jour triomphant.
Laisse-moi ton rêve.

STRADON.

Eh ! non.

MARCELLE.

Ton cœur se défend.
Il saigne plus qu'un cou sous une guillotine.
Mais il affecte en vain sa douceur enfantine,
La révolte est en lui ; je le sais. Car tu meurs
Mécontent, et ta bouche amère sans clameurs
En vain tait la détresse atroce, qui te plie,
De partir en laissant ta tâche inaccomplie.

STRADON.

Je l'accomplis, ma tâche, en mourant.

MARCELLE.

A moitié.
Mais je l'achèverai.

STRADON.

Jamais !

MARCELLE.

Mais, sans pitié,
Ta fille reprendra la tâche interrompue.

STRADON.

C'est fou.

MARCELLE.

La vengeance est une goule lippue
Qui veut du sang. Et si ma main dans le danger
Faiblissait, je saurais que je dois te venger.

STRADON.

Oh! la fille terrible et qui me désespère !
Lutter, Marcelle, toi ? toi, lutter ?

MARCELLE.

Oui, mon père.

STRADON.

Mais tu seras broyée inéluctablement.

MARCELLE.

Je jure de lutter.

STRADON.

Pas de fatal serment.
Je n'en accepte pas, Marcelle. Et je t'ordonne,
Par cette autorité que la nature donne
Au père sur la fille, au vieillard sur l'enfant,
De vivre — simplement.

MARCELLE, *secouant la tête.*

Non, non.

STRADON.

Mon cœur se fend,
De songer que je vais laisser la femme frêle
En proie à sa chimère, et je tremble pour elle.

MARCELLE.

Tu l'avais en l'esprit, cette chimère.

STRADON.

Eh ! moi,
Je suis un homme, et c'est juste... Tout mon émoi
Est pour elle.

MARCELLE.

Pourquoi ?

STRADON.

Ta révolte m'afflige.

MARCELLE.

Père, je suis ta fille, et ma noblesse oblige.
Le seul nom de Stradon vaut toutes les clameurs ;
C'est un cri de combat, et c'est le mien.

STRADON.

J'en meurs
De l'avoir fait si grand, ce nom, et si sonore.

MARCELLE.

Vous en mourez, cela me suffit. Il m'honore.

STRADON.

Malheureux que je suis ! Si ce nom que j'ai fait,
Croyant bien faire, hélas ! dans l'orgueil satisfait
De l'homme qui se taille un lambeau de fortune
Et de gloire, t'était une charge importune,
Et t'écrasait, trop lourd pour m'être pardonné,
Je maudirais le jour où je te l'ai donné.

MARCELLE.

Moi je bénis ce jour, car le nom que je porte
Est ma juste fierté. Qu'il soit lourd, que m'importe !
Vous l'avez fait très grand, mon père, et vous allez,
Hélas ' lustre dernier dont vous l'auréolez
De gloire à jamais, lui donner dans un sourire
La tremblante clarté qui s'attache au martyre.

STRADON.

Je t'en supplie encor, sois calme ; car, vois-tu,
C'est assez de moi seul dans la lutte abattu.
Songe à l'aïeule au loin pensive, et qui soupire.
Ton bras est faible pour renverser un empire.
Laisse ; un autre viendra peut-être. Car qui sait
Ce que cache la foule inconsciente. C'est
Une inertie et c'est la nuit.

MARCELLE.

Monstre qui beugle,
Lâche.

STRADON.

L'aube toujours sort de la nuit aveugle.
Laisse donc s'accomplir les destins.

MARCELLE.

                    Ils sont lents,
Parfois, et d'activer, d'aider ces indolents,
C'est un devoir quand on a l'âme révoltée.

STRADON.

Mais écoute-moi donc, ô sublime entêtée !

MARCELLE.

Non, je n'entendrai rien qui puisse m'attendrir.
Car tout ce que je sais, c'est que tu vas mourir,
Mourir pour une idée. Et j'ai dans mon cœur triste
Une immense douleur.

STRADON.

          Marcelle.

MARCELLE.

                    Je persiste
Dans cette volonté de te venger. Je veux.
Et m'étranglerait-on de mes propres cheveux,
Qu'on n'arracherait pas de ma tête obstinée
La volonté farouche en elle enracinée.

STRADON.

Ah ! je souffre.

MARCELLE.

          Tu m'as fait l'esprit généreux,
Mon père ! ouvert à tous rêves, ayant pour eux
Le cordial accueil. L'humanité hantée
D'idéal est le dieu de notre cœur athée ;
Tu meurs pour elle !

STRADON.

          Hélas !

MARCELLE.

                    Et meurs non satisfait !
La peine de la voir passive t'étouffait,
Et tu la voulais libre, et forte, et détachée

De l'erreur, même au prix de la tête tranchée.
Ton rôle était fatal, disais-tu ; ton trépas,
Nécessaire et fécond, ne t'appartenant pas,
Appartenait au monde !... Eh ! bien, je t'en supplie,
Permets-moi d'achever la tâche inaccomplie.
Je t'en supplie à deux genoux. Ta fille aussi
Ne s'appartient pas !..

STRADON.

    Ah ! désespoir !... Quel souci
Tu m'as mis au cerveau... Tu m'enlèves ma force,
Tu me plonges au cœur comme une lame torse
Qui me torture.

MARCELLE.

    O père, ayez pitié, je veux,
Je veux !

STRADON.

    Quelle douleur ! Moi qui faisais des vœux
Pour ta tranquille vie. Oh ! comme je déplore
De t'avoir enseignée ainsi.

MARCELLE.

    Mais je t'implore.
J'implore de celui qui finit en martyr
Le droit à l'imiter. Père, avant de partir
Pour l'ultime et suprême étape de la vie,
Je t'en supplie, à moi qui t'aime — qui t'envie
Presque — laisse tomber dans le dernier baiser
L'ordre de la vengeance.

STRADON.

    Oh ! comment l'apaiser ?
Mais non, je ne puis pas, Marcelle, être complice
Et t'approuver. Jamais !

MARCELLE.

Père !

STRADON.

                    Le vrai supplice,
C'est celui-ci. Verga, tu ne l'as pas rêvé,
Non. Oh! me voir broyer le cœur par un pavé,
Et le sentir se tordre en sa lente agonie,
Me semblerait auprès la douceur infinie.
Tu tortures par trop mon cœur de père et mets
Plus de souffrance en moi que je n'en eus jamais.
C'est me tuer avant le bourreau.

MARCELLE.

                    J'en enrage.
Vous faites chanceler en moi tout mon courage.
Moi qui croyais trouver vers vous la force.

STRADON.

                              Non,
Laisse ton noir projet. Et puis, le poids d'un nom,
C'est déjà lourd, crois-moi ; je te plains.

MARCELLE.

                              Quoi ? ce rêve
Qui vous hanta toujours, vous poursuivit sans trêve,
Vous voulez donc qu'il meurt avec vous ?

STRADON.

                              Va, quelqu'un
Viendra, qui le prendra.

MARCELLE.

                    Jamais, mon père, aucun
Etre ne le vivra comme moi. J'en suis ivre
Comme d'un vin puissant. Laisse-le moi donc vivre,
Ce rêve d'idéal. C'est pour l'Humanité
Ignorante et souffrante, et c'est pour l'Équité.
Ta foi, l'ardente foi d'apôtre m'a conquise,
Et je suis à ce rêve, à jamais, tout acquise.
Approuve-moi.

STRADON.

Mon cœur de père le défend.

MARCELLE.

Ton désir sera par ta fille triomphant,
Sois-en sûr. Va, dis-moi que je fais bien.

STRADON.

Marcelle !

MARCELLE.

Et quelle est ma raison de vivre, sinon celle
De te venger, mon père, et, d'un bras filial,
Parachever cette œuvre où vit ton idéal ?
Je sais que ton cœur souffre, et qu'il est la victime
Encore. Mais tu peux, mon père, être sublime,
Simplement. Tu le sais quand tu veux. Fais, très bon,
Ce sacrifice encore, et, comme un moribond
Son esprit, me soufflant la révolte invincible,
Fais passer dans mon corps la flamme incoercible...

(Marcelle s'est agenouillée devant son père, tout en parlant. Comme elle achevait, la porte s'est ouverte. Le bourreau et ses aides paraissent. Marcelle se relève brusquement et se rejette en arrière avec une expression de terreur).

STRADON.

Salut, bourreaux !

MARCELLE.

Horreur !...

STRADON.

O reîtres à l'aspect
Macabre, qui prendrez ma tête avec respect
Quand le sang giclera comme le jus de treille,
Vous n'aurez pas souvent à cueillir la pareille !

ACTE V

DEUX FINS

Chez Alexis Verga. — Même décor qu'au troisième acte. Au
lever du rideau, deux domestiques, Baptiste et Suzanne, vont
et viennent, mettant la pièce en ordre. Il fait à peine jour. Un
reste de flambeau brûle sur la cheminée.

SCÈNE 1re

BAPTISTE, SUZANNE.

BAPTISTE.

Le maître est agité ce matin. Je l'ai vu
Debout avant le jour. Ce lever imprévu
Est assez anormal.

SUZANNE.

Doit-il prendre ton ordre
Pour s'arracher du lit, se mouvoir, et pour mordre
Au repas qu'on lui sert ?

BAPTISTE.

Un repas singulier.

SUZANNE.

Le sot !

BAPTISTE.

Repas énorme aussi,

SUZANNE.

Fol à lier !

BAPTISTE.

Il dévore un budget tout entier, qu'on lui vote,
Que paye Marianne et que bénit Javotte.

SUZANNE.

Tu radotes.

BAPTISTE.

      Sachez, ô femme, sachez bien
Qu'on peut être valet, mais qu'on est citoyen,
Et que j'ai lu monsieur Diderot, philosophe.

SUZANNE.

Tu me l'as déjà dit.

BAPTISTE.

      Et que j'avais l'étoffe
D'un écrivain.

SUZANNE.

Poseur.

BAPTISTE.

      Et qu'enfin, tout petit,
J'ai fait des vers latins, très bien.

SUZANNE.

      Je l'ai senti.
Alors, en vieillissant, vous devenez stupide.

BAPTISTE.

Vous ne comprenez rien, ô chipie insipide,
     (levant les bras au ciel).
Oh ! ces femmes !

SUZANNE.

      Est-il assez grotesque ? Il croit
Qu'il est quelqu'un, valet de Verga.

BAPTISTE.

           Crâne étroit,
Tu devrais saluer mon pur esprit attique ;
Mais la femme n'entend rien à la politique.
   (avec commisération)
C'est un être borné.

SUZANNE.

     Merci. C'est très galant.

BAPTISTE.

Ça ne raisonne pas au moins une fois l'an.

SUZANNE.

Toi, tu raisonnes trop.

BAPTISTE.

      Ceci, c'est mon affaire.
   (après une pause, méditant)
Il avait un manteau très vaste. Pourquoi faire ?
Sortait-il ? à cette heure ?

SUZANNE.

      Et que t'importe, enfin !

BAPTISTE.

C'est étrange.

SUZANNE.

   Pas tant que toi-même.

BAPTISTE.

        A la fin,
Vous m'agacez, Suzanne.

SUZANNE.

   Ah ! ah !

BAPTISTE, *méditant.*

      On exécute
Stradon.

SUZANNE.

Tu n'aimes pas beaucoup qu'on te discute,
Beau parleur.

BAPTISTE.

Je vous dis que vous n'entendez rien
A ces choses.

SUZANNE.

Vraiment?

BAPTISTE, *rêvant*.

Ce matin...

SUZANNE.

Quoi?

BAPTISTE.

C'est bien.
Vous ne comprenez rien à ces choses.

SUZANNE.

Sans doute.
Mais je voudrais savoir.

BAPTISTE.

Vous n'y comprenez goutte.

SUZANNE.

Ah ! vraiment?

BAPTISTE, *rêvant*.

Aurait-il?...

SUZANNE.

Quoi ?

BAPTISTE.

Car le peuple...

SUZANNE.

Quoi ?

BAPTISTE.

Or ça?...

SUZANNE.

Quoi?

BAPTISTE.

Votre bec va-t-il se tenir coi?

SUZANNE.

Tu parles haut. Je te réponds.

BAPTISTE.

Non, je médite.

SUZANNE.

Une étrange façon de méditer.

BAPTISTE.

Vous dite,
Impertinente?

SUZANNE.

Eh! bien, qu'il ne faut pas chanter
Aux oreilles des gens quand on veut méditer.

BAPTISTE, *fier*.

Madame!

SUZANNE.

Après?

BAPTISTE.

Madame!

SUZANNE.

Eh! voyez quelle mine
De gentilhomme.

BAPTISTE.

Assez, sotte fille!

SUZANNE.

Il fulmine.

BAPTISTE, *toujours rêvant.*

Exécuter Stradon, c'est très grave.

SUZANNE.

Un Stradon !
Un phraseur comme toi. S'il eut mis un bridon
A son orgueil immense, il eut vécu plus calme,
Honoré. C'est un fou.

BAPTISTE.

Qui préféra la palme

Un martyre.

SUZANNE.

Merci.

BAPTISTE.

Le dictateur a tort
De le frapper.

SUZANNE.

Non pas. Il mérite la mort,
Ton Stradon. C'est bien fait.

BAPTISTE.

C'est un très grand artiste.

SUZANNE.

Un artiste ! Tu veux l'être aussi, toi, Baptiste,
A tes heures. Après ? On sait bien ce qu'ils sont,
Tes artistes.

BAPTISTE.

Veuillez finir cette chanson,
Qui m'horripile.

SUZANNE.

Ah ! ah ! tu deviens irritable.
Tes artistes ?...

BAPTISTE.

Suivez mon conseil charitable,
Et taisez-vous.

SUZANNE.

Ce sont des fainéants, des riens
Du tout ; leurs cheveux sont sales...

BAPTISTE.

Mérovingiens,
Madame !

SUZANNE.

Ils feraient mieux de se tenir tranquilles,
Ces poseurs, ces croquants crasseux, ces inutiles.

BAPTISTE.

Vous blasphémez, Suzanne.

SUZANNE.

Ah ! ah ! il est plaisant.

BAPTISTE, *méprisant.*

Ignorante !... Le rêve...

SUZANNE.

Il sermonne à présent.

BAPTISTE.

Oui, le rêve est le pain de l'esprit.

SUZANNE.

On en crève,
Bélître, de ce pain que tu nommes le rêve.
Regarde ton Stradon qu'on va guillotiner.

BAPTISTE.

C'est un héros, Suzanne.

SUZANNE.

                    Ah ! tu crois m'étonner
Par des mots ?

BAPTISTE.

Il est grand.

SUZANNE.

                    Merci bien de la fête.
Il est trop grand, on va lui supprimer la tête.

BAPTISTE.

Je ne vous permets pas de faire un calembour
Atroce...

SUZANNE.

        Crétin !

BAPTISTE.

        Sotte !

SUZANNE.

            Ane, cuir à tambour !

BAPTISTE.

Chipie !

SUZANNE.

        Insolent !

BAPTISTE.

            Oh ! quelle âme enténébrée
D'ignorance ! quelle âme informe et délabrée,
Inaccessible au beau.

SUZANNE.

                Quel ravissant conteur
De fleurette.

BAPTISTE.

Raillez. Je vous plains de tout cœur,
Car votre conscience est morte.

SUZANNE.

Ah ! et la tienne ?

BAPTISTE.

Forte !

SUZANNE.

Valet !

BAPTISTE.

D'un grand homme !

SUZANNE.

Qu'on appartienne
A n'importe quel homme, on est toujours valet.

BAPTISTE.

Mais s'il me plaît de l'être ?

SUZANNE.

On est vil quand on l'est
De gré.

BAPTISTE.

Prenez garde.

SUZANNE.

Ah ! à quoi donc ?

BAPTISTE.

Prenez garde,
Suzanne,

SUZANNE.

Ah ! ah !

(*chantant*)

La dame blanche vous regarde.

(*Caroline entre à gauche*).

SCÈNE II.

LES MÊMES, CAROLINE.

CAROLINE.

Mais vous êtes bien gaie, aujourd'hui ?

SUZANNE.

Je...

BAPTISTE.

Vous...

CAROLINE.

Quoi ?

J'aime peu des façons si bruyantes chez moi.
Tenez-vous le pour dit. Allez.

(*Les valets sortent.*)

(*Caroline s'étend à moitié sur le canapé*)

CAROLINE, *seule.*

Quel jour tragique.
Je l'ai rêvé, voulu, cependant. C'est logique
Que ce Stradon finisse à l'échafaud. C'est bon.
C'est un enseignement. Et c'est le dernier bond

De la révolte. Il faut que la fin lamentable
Fasse au peuple sentir le pouvoir redoutable.
C'est utile. Verga me paraît sombre. Il a
Comme une frayeur de la chose.

(Verga entre à droite et jette son manteau sur un fauteuil).

SCÈNE III.

CAROLINE, VERGA.

CAROLINE.

     Ah ! te voilà.
Tu sors de bien bonne heure aujourd'hui.

VERGA, *sombre.*

      Que t'importe !

CAROLINE.

D'où viens-tu ?

VERGA.

D'où je veux.

CAROLINE.

   Ta grandeur me supporte
Avec ennui.

VERGA.

C'est bien.

CAROLINE.

Vous êtes dictateur,

VERGA.

Vous, vous avez l'esprit d'un grand inquisiteur,
Et vous me torturez.

CAROLINE.

C'est très doux.

VERGA.

Pour vous seule.

CAROLINE.

Il faut vous stimuler. Vous êtes un peu veule ;
Et vous vous laisseriez descendre à gràcier.
Mais je veille.

VERGA.

Je n'ai pas à remercier.
Vous m'avez fait méchant et vous me ferez lâche.

CAROLINE.

Non, ferme.

VERGA.

A force aussi de frapper sans relâche,
Je deviens odieux au peuple qui m'aima,
Et plus, d'un odieux ridicule.

CAROLINE.

Ah ?

VERGA.

Il m'a
Presque en mépris.

CAROLINE.

Mon dieu, Verga, que je trouve, entre
Nous, que vous avez bien peu d'énergie au ventre.

VERGA.

Il n'est pas nécessaire et pas essentiel
Pour être un homme fort d'être un homme cruel.

CAROLINE.

De frapper ce Stradon, ton pauvre être suffoque.

VERGA.

Le peuple remuera, car il l'aime.

CAROLINE.

                    Il s'en moque !

VERGA.

Non ! C'est frapper trop haut. Le peuple va crier.

CAROLINE, *ironique.*

Signe sa grâce, alors...

             (allant à la table)

                 Tiens, voici l'encrier,
La plume ; signe.

VERGA.

Hélas ! il est trop tard.

CAROLINE.

                  Non, signe.

VERGA.

Je ne puis. Que le peuple accepte ou qu'il s'indigne,
C'est trop tard. Stradon doit mourir.

CAROLINE.

                 Alors, c'est vrai ?
Quoi ? Ton esprit si faible, à la frayeur livré,
En est à cette chute et cette ignominie
De se débattre, ainsi qu'un corps à l'agonie,
Dans une angoisse vile ?

VERGA.

Oui, j'en ai trop, du sang !
Et je crois qu'il m'inonde, et tout mon corps le sent
Sur lui, le sent qui monte, à la gorge, à la face,
Qui m'obsède et me suit, partout, quoi que je fasse,
Et j'ai son âcreté dans la bouche.

CAROLINE.

Insensé.

VERGA.

Ah ! j'admire ton calme inconscient. Je sai
Que c'est toi qui m'a fait cruel. La foule accole
Ton nom au mien.

CAROLINE.

Tant mieux.

VERGA.

Sa satire nous colle
Côte à côte au poteau, Caroline et Verga ;
On m'appelle sultan, on te dit mon aga,
Et l'on donne ton nom, femme, à la guillotine !

CAROLINE.

Mais c'est une infamie ! et la tourbe mutine
Mérite...

VERGA.

Eh ! frappe donc ! Tous les hommes sont las.
Ils chantent, mais demain agiront. Tu mêlas
Tellement ta pensée à la mienne en la lutte,
Qu'ils nous engloberont dans une même chute.

CAROLINE.

Mais il faudrait sévir !

VERGA.

Sévir !

CAROLINE.

                        Ah ! je sais trop
Ta faiblesse, ta peur d'être ferme.

VERGA.

                    Ou bourreau.

CAROLINE.

Allons donc ! tu ne vas que lorsque l'on te pousse,
Avançant, inquiet, de secousse en secousse,
Tantôt cruel, tantôt débonnaire, frappant
Sans raison, grâciant à tort. Il se repent !
Il a peur du pouvoir, ce tyranneau débile,
Il ne vit plus, il a tout le sang plein de bile,
Il se penche, anxieux, sur le peuple grondant.
Laisse-le donc gronder, ton peuple ! Il a la dent
Dure pour qui caresse, et lèche qui flagelle.

VERGA.

C'est faux.

CAROLINE.

Non.

VERGA.

Il s'émeut.

CAROLINE.

                        L'égoïsme le gèle !
Domine-le par la force, par la terreur,
Alexis, si tu veux devenir empereur.
Et la raison d'État prime tout, autorise
Et commande.

VERGA.

Tel n'est pas son avis.

CAROLINE.

                    Va, brise
Quiconque te résiste, avance, et pour passer,
Écrase les Stradons qui pourront se dresser.

VERGA.

C'est un mauvais moyen que semer la révolte
Chez les cœurs.

CAROLINE.

Sèmes-y la terreur.

VERGA.

                    On récolte
La tempête. Quelqu'un sort toujours du troupeau
Des foules pour frapper.

CAROLINE.

                    Il a peur pour sa peau !
Au combat décisif il ne peut se résoudre.
Mais, lâche, les sommets sont voisins de la foudre,
Et la gloire, pour ceux qui savent, sans trembler,
Les conquérir, ces durs sommets, et les peupler
De leurs victoires, c'est pour leur âme obstinée
De braver cette foudre autour d'eux déchaînée.

VERGA.

Eh ! c'est de la folie, et ce jeu périlleux
Conduirait à l'abîme.

CAROLINE.

                    Oh ! l'instinct merveilleux
De se conserver.

VERGA.

                    Non ! Mais ma raison recule
Devant un rôle absurde et par trop ridicule.
Chaque goutte de sang de ces hideux travaux
Semble faire surgir cent combattants nouveaux.
Mais, alors, à quoi bon ? Las de cette démence
Inutile et sans fruits, j'aime mieux la clémence,

CAROLINE.

Offre-leur ta poitrine, ah! ah!

VERGA.

Ce serait grand.

CAROLINE.

Mais fou.

VERGA.

Ce serait bien.

CAROLINE.

Dérisoire tyran,
Que le pouvoir, trop lourd pour sa main, embarrasse.

VERGA, *pensif.*

Ouvrir cette fenêtre et jeter une grâce,
Dire au peuple en rumeur qu'on verrait reculer :
Ecartez-vous, laissez cet homme s'en aller !

CAROLINE.

Mais tu n'en feras rien !

VERGA.

Ah ! je devrais le faire,
Pour apaiser ce peuple.

CAROLINE.

A quoi bon ? Il préfère
Le sang. Ecoute-le chanter. Entends ces voix.

VOIX, *au dehors.*

Dansons la Caroline,
Vive l'aga !
Vive l'aga !
Dansons la Caroline,
Vive l'aga
De Verga !

CAROLINE, *écoutant.*

Hein ? quoi ?

VERGA.

C'est ta chanson.

*(Caroline tend dans une rage douloureuse ses poings
vers la fenêtre).*

CAROLINE.

Oh ! les lâches !

VERGA.

Tu vois
L'horreur où t'a conduit la rage où tu t'obstines.
C'est la chanson du sang tombant des guillotines,
La Caroline rouge !

CAROLINE.

Et vous souffrez cela ?

VERGA.

Qu'y faire ?

CAROLINE.

Tu te sens une âme de Sylla
A l'abdication prête, et tu t'en détaches ;
Mais à quoi te sert donc ta troupe ?

VERGA.

A d'autres tâches.

CAROLINE.

Tu deviens magnanime.

LES VOIX, *au dehors.*

On est vainqueur, on est puissant,
On en tue un, cinquante ou cent,
Tous les gênants témoins,
Un de plus, un de moins !
C'est la danse macabre,
Vive l'aga !
Vive l'aga !
C'est la danse macabre,
Vive l'aga
De Verga !

VERGA.

Entends-les nous chanter.

CAROLINE.

Etouffe-les, ces voix !

LES VOIX, *au dehors.*

Dansons la Caroline,
Vive l'aga !
Vive l'aga !
Dansons la Caroline,
Vive l'aga
De Verga !

VERGA.

Puis-je bien m'entêter
Contre un peuple?

(ouvrant la fenêtre).

Regarde.

(Le ciel apparaît dans la rougeur du soleil levant, et les deux bras de la guillotine s'y découpent en noir).

CAROLINE.

Un couteau la domine.
Tant qu'elle n'aura pas au ventre la famine,
La foule sera lâche.

VERGA.

Il faut s'en méfier,
Elle est perfide.

CAROLINE.

Eh ! non, tu peux sacrifier
Quiconque te résiste. Elle est à toi, la gueuse,
Car c'est une femelle inféconde et fougueuse,
Chérissant l'amant fort et brutal qui la bat.
Fouette-la, si son corps infâme se débat,
Etouffe sa clameur et ferme-lui la bouche.

LES VOIX, *au dehors.*

On en tuera dans les berceaux ;
Le sang brûlant coule en ruisseaux.
Vive l'âpre liqueur !
Frappe au front, frappe au cœur !
C'est la fête du sabre,
Vive l'aga !
Vive l'aga !
C'est la fête du sabre,
Vive l'aga
De Verga !

CAROLINE.

Les tenir dans ma main, ces gorges ! ô farouche
Vengeance de Junon !

LES VOIX, *au dehors.*

Dansons la Caroline,
Vive l'aga !
Vive l'aga !
Dansons la Caroline,
Vive l'aga
De Verga !

CAROLINE.

Mais ces gens sont chez eux !
Tu les regardes, pâle, une angoisse en les yeux ;
Ils te feraient rentrer sous terre, d'un seul geste.

VERGA.

La rage vous égare un peu, c'est manifeste.

CAROLINE.

Fais-toi donc respecter ! On te bafoue, on t'a,
Fantôme de César que la foule accepta,
Comme un jouet qu'on tient dans l'ombre de son Louvre.
Et les jours de folie, on te prend, on découvre
Ce corps ratatiné qui grelotte d'horreur
Et cette parodie atroce d'empereur,
Et le peuple s'amuse, et le peuple se joue
A cracher sur ta face et souffleter ta joue.

VERGA.

Quand vous aurez fini, je pourrai dire un mot.

CAROLINE.

Lequel? jouet royal, populaire marmot
Du peuple souverain, prophète qui pardonne
Et tends, peureux, la joue au soufflet qu'on te donne.

VERGA, *menaçant*.

C'en est trop ; et je suis excédé de sermons,
Fatigué de vous voir vous user les poumons
A me jeter toujours quelque nouvelle insulte.

CAROLINE.

Mais frappe-moi ! sois donc un homme, que j'exulte !

VERGA, *la saisissant aux poignets*

Ah ! ne me tentez pas ! Car pour vous écraser,
Je suffirais tout seul, sans bourreau.

CAROLINE.

Mais oser,
Cœur de lièvre !

VERGA, *la repoussant violemment.*

Sortez !

CAROLINE.

Ta colère s'incline,
Impuissante.

VERGA, *rugissant.*

Sortez !

(Un huissier entre).

L'HUISSIER.

Madame Marceline.

VERGA.

Qu'elle entre !

(L'huissier sort).

CAROLINE.

Ah ! ah ! telle est la souveraine. Elle a
Plein pouvoir sur lui.

VERGA, *faisant un pas vers elle.*

Vous tairez-vous !

(Caroline sort à gauche, à reculons).

CAROLINE.

Reçois-la,
Cette bohémienne immonde, cette engeance.
Puisse-t-elle broyer ton cœur pour ma vengeance!.,,

SCÈNE IV.

VERGA, MARCELLE ; STRADON et LA FOULE *dans la coulisse.*

(Entre Marcelle, d'une pâleur cadavérique, le pas chancelant ; à hauteur de la fenêtre, elle s'arrête, a un mouvement de recul, les yeux hagards, et se détourne. La douleur, à son paroxysme, la fait agir par sursauts, par gestes saccadés.

(Verga va à Marcelle).

MARCELLE, *balbutiante.*

Excellence.

VERGA.

Madame. Et quel heureux hasard ?...

MARCELLE.

Je viens remercier très humblement César.

VERGA.

Baste !... Vous avez vu le condamné, Madame ?

MARCELLE.

Je l'ai vu.

VERGA.

Vous semblez émue encore ?

MARCELLE.

Dame !
Un homme qui s'apprête à descendre au tombeau,..

VERGA.

Puis il n'a rien de gai..,

MARCELLE.

Je l'ai trouvé très beau !

VERGA.

Diantre ! vous me flattez.

MARCELLE.

Et sa tête d'apôtre
Fera trembler le peuple infâme qui se vautre
Dans son ignominie.

VERGA.

Eh ! bien, mais...

MARCELLE, *saluant.*

Je comprends.
C'est juste. J'oubliais votre personne, et rends
Hommage-à sa grandeur.

VERGA.

Vous raillez ?

MARCELLE.

Non, je chante
La louange qu'on doit.

VERGA.

Intention touchante.
Hélas ! si vous saviez ce que vos mots cruels
Me pénètrent le cœur, implacables, et tels
D'acerbes poignards, quand votre bouche persifle...
Vous ne m'écoutez pas ; vous fredonnez.

MARCELLE, *rageuse.*

Je siffle !
C'est plus sinistre.

VERGA, *déconcerté*.

Ah !

MARCELLE.

Oui.

(Elle tombe sur le canapé).

VERGA.

        Je ne vous comprends plus.
Quels désirs avez-vous que je n'aurais pas lus
Dans vos yeux ? Dites-les. Daignez me les apprendre,
Parlez.

MARCELLE.

Vous n'avez pas besoin de me comprendre.

VERGA.

Que voulez-vous ? Je suis puissant. Votre pâleur
M'effraie.

MARCELLE.

Oui-dà ?

(la main tendue vers la fenêtre).

        Allez vers ces gens, dites-leur
De se taire. Leurs cris me font mal.

(Verga a un mouvement de recul).

                Il hésite !

VERGA.

C'est impossible.

MARCELLE, *dans un rire étrange*.

Ah ! ah !

(Se levant brusquement).

        J'interromps ma visite
Et je fuis ces clameurs. Adieu.

VERGA.

Non, arrêtez !

MARCELLE.

Je demande si peu.

VERGA.

J'ai toutes les bontés
Pour vous. Et vous savez que je mettrais, servile,
A vos pieds ma grandeur.

MARCELLE.

Faites taire la ville.

VERGA.

Faut-il que je gràcie ?

MARCELLE, *reculant.*

Ah !

VERGA.

Eh ! bien ?

MARCELLE.

Ah ! douleur !

VERGA.

Madame, vous souffrez.

MARCELLE, *sourdement, comme se parlant à elle-même.*

Le vent fauche la fleur,
Le destin fauche l'homme, ah !

VERGA.

Quelle femme étrange.

MARCELLE, *mettant les mains sur son cœur.*

Ah ! tu trembles d'horreur, cœur de chair, cœur de fange,

> *(Hagarde)*.

Brise-toi donc !

> *(tombant à nouveau sur le canapé).*
> Maudite !
> *(Dans un rire qui est presqu'un sanglot)*
> Ah ! ah !
> *(Verga tombe à genoux devant elle).*

VERGA.

> Ecoutez-moi.

Vous souffrez. Voulez-vous sa grâce ? Votre émoi
Me bouleverse trop.

MARCELLE, *de son même rire.*

> Ah ! ah !

VERGA.

> C'est une fièvre

Qui vous tient.

MARCELLE, *de même.*

Ah !

VERGA.

> Parlez ; un mot de votre lèvre,

Et la main du bourreau s'ouvre, et l'homme s'en va.
Certes, je n'obéis ni Dieu ni Jéhovah,
Et mon âme indomptée est farouche et rebelle ;
Je vous obéirai. Car vous êtes trop belle,
Et vous rayonnez trop d'un charme merveilleux
Pour que ne courbent pas tous les fronts orgueilleux.

(Marcelle fixe Verga dans les yeux, rageusement).

MARCELLE.

Je ne demande rien !

VERGA, *reculant*.

Femme incompréhensible.
Mais quand se tord d'horreur tout votre corps sensible,
Que faut-il vous offrir? que faut-il vous donner
Ou d'immense ou de beau, pour voir se dessiner
Un sourire d'ami sur la lèvre livide?
Parlez! Si je mourais, le monde serait vide;
J'ai la clef du présent, j'ai la clef de demain,
Et je tiens le destin des peuples dans ma main.

MARCELLE.

Ah! ah! ce qu'il me faut!...

VERGA.

Va, dis-moi ton caprice,
O femme! as-tu rêvé d'être une impératrice
Auguste, de porter quelque sceptre et de voir
Les hommes à genoux courbés sous ton pouvoir?
As-tu rêvé la pourpre altière et la couronne
Que l'intense respect des foules environne?
As-tu rêvé cela? Dis-le moi. Je serai
Un empereur demain.

MARCELLE.

Ah! ah!

VERGA.

Tu ris?

MARCELLE.

C'est vrai,
Je ris — sinistrement.

VERGA.

Ah! mon amour sans bornes
Fera fléchir sous toi, passifs, les hommes mornes,
Car je t'aime à mourir.

MARCELLE.

Je le crois.

VERGA.

                        Tes souhaits
Seront réalisés.

(*Marcelle se lève, terrible, et marche sur Verga qui
reculе*).

MARCELLE.

        Eh ! bien, moi, je vous hais !...
Ou, du moins, je le crois, car je dois être folle...

VERGA, *suppliant*.

Vous êtes mon amour, vous êtes mon idole,
Vous emplissez ma vie.

MARCELLE.

        Ah ! votre aveu, vainqueur
De peuples, m'entre comme un poignard dans le cœur.
Je sens que je vous hais. La rage qui lacère
Etreint à le broyer mon crâne dans sa serre.
Je ne suis pas la foule inconsciente où vit
Le besoin d'esclavage et que l'on asservit ;
Et je ne tombe pas comme les villes lasses
Devant les conquérants. Garde tes populaces !

VERGA, *implorant*.

Femme, si vous saviez...

MARCELLE.

        Je ne veux rien savoir ;
Que me fait ta grandeur, que me fait ton pouvoir ;
J'ai mon orgueil, et c'est assez ; je vis à l'aise
Et ne veux rien,

        (*montrant de la main la foule*)

        sinon que ton peuple se taise !

(*Elle marche toujours sur Verga, qui recule du côté
de la fenêtre*).

MARCELLE.

Mais parle-lui.

*(A ce moment, le disque du soleil, rouge, apparaît
entre les deux bras de la guillotine).*

Je souffre... et j'étouffe... ah ! malheur !...

(Elle chancelle. Verga la retient.)

VERGA.

Calmez-vous.

MARCELLE.

Laissez-moi.

(Rumeur au dehors).

Ces hommes... parlez-leur.

VERGA.

Je ne puis.

*(Marcelle dénoue sa large ceinture rouge et or et
l'élève dans son poing).*

MARCELLE.

Ce soleil, pleurant sur la Nature,
C'est du sang! C'est le sang de l'Histoire future!
Qu'il saigne! Le couteau l'éventre comme un corps!

VERGA.

Mais vous déraisonnez. Calmez-vous.

MARCELLE.

Pas encor.

(Allant à Verga, et s'appuyant à son épaule).

Allons, parle à ton peuple, ô tyran. Viens. Tu m'aimes,
Dis-tu? Fais-moi le voir. Viens. Ces hommes d'eux-mêmes
Se tairont à ta vue.

VERGA, *résistant.*

Eh ! non.

MARCELLE.

Viens. La rougeur
Du grand soleil te fait un masque d'égorgeur.

(Jetant sa ceinture rouge sur les épaules de Verga).

Ce rouge te va bien. Sa couleur de massacre
S'harmonise.

VERGA, *se débattant.*

Arrêtez !

MARCELLE.

Laisse donc, c'est ton sacre !
Tu blémis ?

VERGA.

Finissez !

MARCELLE.

Pourquoi cette terreur
Au ventre ?

(Poussant Verga vers la fenêtre).

Laisse donc ! je montre un empereur !

(Immense rumeur dans la foule).

LES VOIX, *au dehors.*

Le voilà ! lui ! Stradon !

(Marcelle, à ce moment, folle, devient comme surhumaine. Elle se rue sur Verga et serre furieusement la ceinture sur le cou).

MARCELLE.

Meurs donc, maudit !... Mon père !...

(Verga, suffoqué, jette ses bras en arrière pour saisir Marcelle, dont le poids le fait rouler sur la barre d'appui de la fenêtre. Marcelle s'acharne),

VERGA.

Heu!... j'é... j'ét... heu!...

STRADON, *au dehors, à la foule.*

Vois-tu, là-haut, dans le repaire,
La bête! à ses genoux, courbe, peuple outragé!

MARCELLE, *rugissant.*

Confrontez-vous, mon père!... ah! vous êtes vengé!

LES VOIX, *au dehors*

Dansons la Caroline,
Vive l'aga!
Vive l'aga!
Dansons la Caroline,
Vive l'aga
De Verga!

FIN.

ERRATA

L'auteur a parfaitement conscience du ridicule et du péril qu'entraîne l'adjonction en appendice de plusieurs pages d'*errata* à un ouvrage. Cela semble, en effet, dénoncer le peu de soin apporté à la composition, et souligner comme à plaisir les infériorités du travail. Mais ce livre a été écrit, imprimé (presque par surprise) et corrigé dans des conditions si bizarres que certaines retouches s'imposaient. Nous nous sommes d'ailleurs borné aux corrections essentielles, qu'il était impossible de ne pas faire. Nous n'avons pas touché au développement, bon ou mauvais, logique ou laborieux, de ce drame sur lequel nous ne voulons pas revenir et qui ne verra, sans doute, jamais la rampe, l'auteur étant complètement dépourvu de cette ténacité qui fait naître aux forceps les œuvres condamnées. Malgré cela, nos *errata* sont nombreux, trop, dira-t-on peut-être. Mais quiconque a écrit — en prose ou en vers — nous absoudra, comprenant que nous avons souffert de ne pouvoir les multiplier encore, et nos tardifs scrupules d'ouvrier seront l'excuse de notre faiblesse à laisser publier cette ébauche.

F. P.

LIRE :

Page 17, vers 11 :   MIÉVILLE

Que c'est beau, cette mer se heurtant aux murailles.

Page 18, vers 11 :   MIÉVILLE

                         La fortune

Passe à ta porte. Eh ! bien, prends-la par les cheveux.

Page 21, *vers* 4 :   TRÉBILLON

C'est être trop prudent.

Page 24, *vers* 5 :   CAROLINE

Que le vertige en monte à ton âme étonnée?

Vers 16 :   CAROLINE

Et tu crois mon orgueil sans doute satisfait
D'avoir un faux tribun, etc.

Page 32, *vers* 3 *et* 4 : STRADON

Léchât-il ses talons comme les chiens courbés,
Ne justifierait pas, ô Verga, etc.

Vers 18 :   STRADON

Qu'ils ont raison d'abattre enfin tous les pouvoirs.

Page 37, *vers* 12 *et* 13 : VERGA

... cette louve ?
Eh ! bien, juge toi-même.

Page 39, *vers* 16 *et* 17 : VERGA

Car le culte immortel du Grand, qu'on relégua
— Préjugé hors d'usage à la forme grossière —

Page 42, *vers* 3 :   VERGA

De désespoir amer; l'on pourrait mettre en berne

Page 44, *vers* 7 :   VERGA

Que vous avez, pensifs, résolus, décroché

Vers 12 :   VERGA

Roulaient comme des fruits trop mûrs un soir d'été

Vers 17 *et* 18 :   VERGA

Vos armes, les cinglant ainsi que des lanières,
Fouailleront ces chacals honteux dans leurs tanières!

Page 52, *vers* 14 :   MARCELLE

En mon flanc, cette haine, en mon cœur, en mes moëlles,

Page 56, *vers* 4 :   MARKANT

Et les a débarqués bientôt en Amérique.

Page 59, *vers* 1 :   STRADON

                              Fort bien.

Page 63, *vers* 2 :   STRADON

                              Il lui faut

Un poète? Quel est le barde, etc.

Page 65, *vers* 11 :   MARCELLE

Les pattes dans la boue où se mêle le sang!

Page 65, *vers* 16 :   L'AIEULE

Mais l'action est propre aux hommes, non aux femmes.

Page 68, *vers* 11 :   MARCELLE

Soit qu'ils prêchent la foule, etc.

Page 77, *vers* 3 :   STRADON

Il nous trouve toujours.

Vers 14, 15, 16 *et* 17 : STRADON

L'homme sans titre, obscur, on ne sait d'où venu,
L'ignoré, front sans gloire, et dont la main se dresse,
Au nom du Droit, au nom de Demain, vengeresse,
Tel un destin en marche.

Page 78, *vers* 6, 7 *et* 8 : L'AIEULE

                .... de ton sang répandu
Ce geste généreux.

STRADON

                Que ce sang, s'il est dû,
Coule pour arroser l'incertaine semence.

Page 80, *vers* 10 :   STRADON

Plus tard, vous le suiviez, votre fils grandissant,

Vers 23 :   STRADON

J'ai lutté pour la foule encore, en dépit d'elle.

Page 81, *vers* 10 :   L'AIEULE

     Dis-moi, ne te sens-tu dans l'âme

Page 86, *vers* 5 :   LACAN

.... Est tout puissant. Il peut rassembler sur l'Oural,

Page 92, *vers* 8 *et* 9 : LAPALUE

De la répression, il garde le vertige.
Soyons prudents.

VERGA

Frappez.

LAPALUE, *appuyant*
Prudents !

Page 100, *vers* 13 :   VERGA

   Qu'importe ! et je trouve insultant

Page 105, *vers* 5 :   VERGA

De vous ouvrir bientôt notre *National*.

Page 106, *vers* 7, *et* 8 : MARCELLE, *d'air détaché.*

       Un barde un peu fourbu.

       CAROLINE, *aigre*

Elle est très tendre.

       MARCELLE

       On a dit qu'il avait le souffle

Page 107, *vers* 8 *et* 9 : MARCELLE

       Je vous affirme

Qu'il ne peut m'émouvoir.....

       (à part)

       Votre poète infirme.

       VERGA

Quelle erreur ! Son talent lyrique a de l'ampleur,

Page 108, *vers* 2 :   MARCELLE

Quoi? moi! parler ses vers? proférer ses paroles?

Page 113, *vers* 12 *et* 13 : VERGA

Je sais ! de la révolte en un pathos stupide,
Et des vers ampoulés qui n'ont rien de limpide.

Page 117, *vers* 5 : VERGA, *interrogeant.*

    Eh ! bien, madame ?

       MARCELLE

       Attendez... je médite.

Page 121, *vers* 17 *et* 18 : MARCELLE

Je ne suis pas la foule ou le peuple ignorant
Qui lèche les talons cruels de son tyran.

Vers 23 :

L'impulsion profonde et noble d'une force

    Page 122, *vers* 15 *et* 18 : MARCELLE

            .... frémis, femme à plaisirs,

. . . .

. . . . de ta peau frissonnante

    Page 129, *vers* 13 :   STRADON

                      Il est

Logique qu'un tyran soit prudent. Il fallait, etc.

    Page 132, *vers* 5 :   VERGA

               Il m'a fallu, etc.

    Page 136, *vers* 3 :   VERGA

Nous sommes tous les deux d'une égale envergure.

    Page 144, *vers* 5 *et* 6 : MARCELLE

               que la force entrava.

Le Dictateur a ri, m'appelant curieuse ;

    Page 146, *vers* 5 :   MARCELLE

Mais il affecte en vain la douceur et s'obstine.

    Vers 14 *et* 15 :   MARCELLE

Qui veut du sang. Jamais ma main dans le danger
Ne faiblira. Je sais que je dois te venger.

    Page 148, *vers* 3 :   MARCELLE

Vous en mourez, cela suffit pour qu'il m'honore.

    Page 170, *vers* 2 :   VERGA

L'horreur où te conduit la rage où tu t'obstines.

A LA MÊME LIBRAIRIE

Poligny, imp. A. Jacquin.